U0962737

BLACK SWAN | 黑天鹅

为 人 生 提 供 领 跑 世 界 的 力 量

BLACK SWAN

牛刀说
我们怎样
过上好日子

牛　刀◎著

辽宁教育出版社

图书在版编目（CIP）数据

牛刀说：我们怎样过上好日子 /牛刀著. —沈阳：辽宁教育出版社，2011.12

ISBN 978-7-5382-9525-2

Ⅰ. ①牛…　Ⅱ. ①牛…　Ⅲ. ①私人投资　Ⅳ. ①F830.59

中国版本图书馆CIP数据核字（2011）第243234号

辽宁教育出版社出版、发行

（沈阳市和平区十一纬路25号　邮政编码 110003）

三河市文通印刷包装有限公司印刷

开本：710毫米×1000毫米 1/16　字数：196千字　印张：16

2012年1月第1版　2012年1月第1次印刷

责任编辑：沈　放　责任校对：刘　璞

装帧设计：水玉银文化　特约编辑：和斌斌

ISBN 978-7-5382-9525-2

定价：32.00元

理性投资常识的奠基之作

曹建海

推荐序1

这是一本关于投资常识的书。生活中，常识属于众所周知的知识，不懂常识的人通常被人笑话。投资中的常识，指的是对一个理性的人是合理的，而一般人在头脑发热时易于忽略、甚至刻意回避或反驳，事后又被证明是正确的知识。因此，给大家讲投资常识，肯定是吃力不讨好的事情，特别在特殊事件引起的市场反向波动期间，还会遭受自以为聪明者、成功者的冷嘲热讽，甚至让人很长一段时间抬不起头。

研究房地产和房价问题，不能不涉及社会消费、固定资产投资、进出口、产业体系和产业结构、财政政策和货币政策等方面，对于股市、债市、汇市、黄金等金融产品市场，牛刀形成了自己独到的见解。这既有知识的共性和派生的因素，也是由房地产投资作为中国经济增长驱动的核心，并且在一定程度上左右全球经济走势的地位决定的。牛刀打拼于房地产市场和股票市场的第一线，在房地产领域的深刻见解，使他荣膺“中国地产三剑客”之一的称号，并受到国际投资机构和国内外一流媒体的追捧，充分说明了他的经济研究水平。由他撰写这样一本介绍投资常识的著作，我是非常赞同的。要知道书中的内容，绝大多数来自于国内投资界著名的“牛刀投资讲座”，是牛刀和国内成千上万投资者面对面交流、思想碰撞的成果，相信可以给读者带来极大的阅读乐趣和现实的启发。

投资对于我们大家而言可能并不陌生，然而投资的涵义，却包括相互联系但迥然不同的两个领域：一种是在现实经济活动中的投资，是指购买用于生产经营活动的固定资产、技术、品牌，或者投资于人力资本以便创造社会价值（包括消费者剩余和企业利润）和社会财富的一种活动；另外一种投资是指在财务方面的一种资产形态的转换，投资意味着购买证券或其他金融、纸上资产，包括储蓄存款、房地产、股票、债券、黄金、外币和艺术品等。

后一种投资，就是我们生活中所说的理财投资。这些投资也许会提供给我们未来的现金流，例如上市公司派发的股息红利、债券利息、房屋租金收入等，也许其资产价值会增加或缩水，从而给投资者的家庭财务状况造成重大影响。

生活中我们时刻面临着投资的选择。比如，当你获得收入后节衣缩食，你习惯于节约消费以增加储蓄，并期待运用手中的储蓄，为你在未来时期带来更多的收入。虽然有银行、投资经理、保险公司代为理财，但很多人基于道德风险的忧虑，愿意亲历亲为、耗费大量精力来亲自打理财产。略有遗憾的是，这个时间你是不能创造社会财富的。比如，你投资 100 万元买股票，每天花 2 个小时研究行情，年平均收益率 3%。对于散户来说，这实际上是一个不错的收益率。在这个例子里，你动用的资源是 100 万元和每天 2 小时的时间投入。但如果你把这个时间用于给自己充电，提升你在职场和生意场中的能力，你最终为个人所收获的财富，可能要远高于每年 3 万元的收入；而且，你还能通过为你所在的企业创造财富，获得一定的社会效益。

以上的两种情况说明，如果花费大量的时间用于股票交易，做一个职业股民，除了具有较高水平的投资者外，多数投资者不仅不能为社会创造财富，反而会贻误个人从事社会财富创造、人力资本提升和职场发展的时机。

然而，在这个以不平衡、剧烈波动为特征的经济世界，理财投资带给我们的机会如此之多。如果我们不能拥有一些掌握投资运行规律的必要知识，我们很可能丧失人生难得的理财机遇，或者承受难以估量的经济损失。例如：一、2008年金融危机，很多人过于悲观恐惧，导致上证综指跌入1664点的低谷，一些股票具备了难得的投资价值，一些胆大的投资者奋力抄底，获得了不菲的短期投资回报；二、美国金融危机之后，在各国宽松货币政策的刺激下，黄金价格一路走高，从2008年10月的不到800美元/盎司上涨到如今的1791美元/盎司，为很多人提供了资产避险机会；三、2009年以来，我国为保增长保投资，推出了极为宽松的货币政策，引起严重的通货膨胀，习惯于在银行存款而不是投资理财的城乡居民，遭受了非常严重的财富缩水，陷于极度的愤慨和焦虑之中。这些情况说明，即使你不想投资，资产缩水也可能袭你而来，让你承受极度的痛苦。

市场上存在着如此之多的财富损益风险，即使你是如此的安分守己！这为理性人群提供了一个发现并利用投资机会获得财富的合理解释。因此，时刻保持货币资产与证券资产的组合，以便满足从中投机获利的动机，也构成了经济学家凯恩斯的货币需求理论的一个方面：由于未来利息率的不确定，人们为避免资本损失或增加资本收益，及时调整资产结构而形成的对货币的需求。凯恩斯认为，投机动机的货币需求随利率的变动而相应变化，它与利率成负相关关系，利率上升，需求减少；反之，则投机动机的货币需求增加。

凯恩斯投机动机的货币需求理论，是对个人理财投资行为的简化描述。在现实生活中，证券市场、大宗商品市场等价格变化，一般因循经济运行的基本轨迹，但在时间上一般有所提前，这正是先知先觉的投资者应该认真关注的。经济、政治、社会、技术领域发生的事件，都有可能引起证券市场的震荡，短期内可能会改变市场的方向，但改变不了大的趋势。所以，从长期来看，如何从跌宕起伏的经济乱象中把握趋势，对于普通投资者是非常重要的。从技术层面分析，关注价格趋势的变化及成交量的变化也可以找到盈利的线索，当然庄家可以通过伪装制造技术图形，诱惑热衷技术分析者掉进陷阱。所以理财投资过程中，大家需要了解和掌握短线知识，但还应着眼大局、立足长远和大趋势。

无论如何，想要自如地畅游令人惊悸的投资海洋，即使从基本的层面看，也要掌握多方面的投资常识。幸运的是，拿在我们手中的，就是牛刀对当代经济社会所需投资常识进行了通俗而明晰阐述的优秀作品。书中特别针对大家熟悉但普遍不求甚解的经济指标，特别是可能对资产市场供求和价格产生重大影响的先行指标，作了详细阐释。包括广义货币供给（M2）、美元指数、采购经理人指数（PMI）、消费价格指数（CPI）、基尼系数、国内生产总值（GDP）等，书中每一章内容，都从现实中投资者的小故事中展开，进而推出与公众理财投资密切相关的经济指标，结合大量案例，分析这些指标变化对投资品市场的影响，使读者深入领会这些经济指标的经济含义和投资含义。书的内容完全摆脱了传统同类书的刻板，风趣盎然、别开生面、峰回路转、深入浅出、娓娓道来，令你有面对面聆听牛刀讲座的现场感。

我历来不赞成人们花费大量的时间用于炒股、炒汇，但是面对全球金融市场的迅猛发展，掌握理性投资的常识，对于规避重大经济损害、防止个人资产严重缩水，还是非常重要的。然而，投资毕竟充满风险且很少直接创造社会财富，因此普通人不应像职业投资经理一样，花费太多的时间在理财上。在我看来，合理的时间安排应该是：一、将主要精力放在本职工作上，注重积累人力资本、提升职业视野和能力，为社会和家庭创造更多的财富；二、依据投资知识，花费较少的时间，在保留一部分货币资产的基础上，实施简化的、稳健和长期的理财投资组合；三、业余的时间，主要用于阅读欣赏、休闲旅游、身体锻炼、陪伴家人和丰富家庭生活等提升生活质量的层面。

“常识”，看似如此简单的东西，在牛刀的思想中，是于平淡中见真功夫的，这是作者对人类历史和当代人性的深度体会。投资自然有风险，因此从事理财投资反而要淡薄利益，把物质利益看成是提高生活水平的手段之一，而绝不是人生的全部。同时，投资需要耐性，要等待投资客体的生长，急功近利往往难以成功。正如巴菲特所说：“无论天资多高或努力有多大，一些事仅仅需要时间：你不可能让九位妇女怀孕而在一个月里生出孩子。”做事如此，你所投资的公司、项目成长也是如此。想依靠概念炒作一番，一口吃成胖子、一夜暴富，对于普通人来说，仍然是痴人说梦。滴水穿石、荣辱不惊、合理取财，才应是普通公众理财投资的务实而有效的态度。

是为序。

2011年11月9日写于河北省武安市

与正义同行

时寒冰

“三剑客”（曹建海、牛刀和我）对住房与民生问题的呼吁，一直受到国人的关注，但很少有人知道我们背后的辛酸和艰难。

2010年1月，为了向高房价宣战，我们三人连续行走了几个城市，表达我们的观点。与房地产界的掠夺者举行庆功宴时的奢华相比，自费出行的我们，显得非常寒酸。这当然是次要的。一路走来，鲜有媒体报道我们的观点，而是把我们的声音封杀在了一个很小的范围内。

我曾经用简短的文字记录下“三剑客”之行的一些真实经历：

与开发商主办的论坛媒体云集的情况相比，“三剑客”的活动，到场媒体少了许多，但每场活动也有十多家媒体前来，只是，鲜有媒体报道此事。其一，是我们不能像开发商那样发红包；其二，是舆论导向，“三剑客”的民生呼吁不代表既得利益集团的根本利益；其三，开发商的威胁。在深圳的时候，就有一位自称是记者的朋友说，有房地产商给他们报社打电话，如果报道“三剑客”的观点，他们将停止在该报刊登广告。于是，媒体马上表示效忠，绝不给“三剑客”任何机会。那位记者说：“我代表个人支持你们！”

一路走来，尽管现场红红火火，媒体却鲜有报道，仿佛什么都没有发生。

但是，民众的心中有杆秤。“三剑客”所到的四个地方，无不感受到民众火热的心声。他们的利益诉求被阻挡在冰冷的门外，他们的话语权被冷酷地剥夺，但是，他们心中的呐喊是不可能被压制的。

房地产主导一切，必将把这个饱经苦难的民族，引向更加痛苦的深渊。民众不可欺，欺骗的伎俩是难以长久的。住房必须回归民生，我们这个社会才会真正和谐，这个民族才会找回自尊，重新产生凝聚力，这个国家才会充满希望。住房，必须回归到它最本质的定位上，它绝不可以作为拉动经济发展的一个主要推动力。

作为心怀民生，与正义同行的人，我们三人都无惧于此。让我们痛心的，是那些曾经的支持者的倒戈。很多人一旦买了房子，马上变成高房价的支持者，哪怕高房价本身还将继续伤害其他人。另一些人，则因为没有买房而迁怒于“三剑客”，认为“三剑客”对高房价的抵制态度影响了他们的判断，使他们没能及时买房。

这种悲凉的现实，给“三剑客”带来的压力和痛楚是很多人不能体会的，而我们时时都在承受。

也因为这一点，我非常钦佩牛刀兄。他是“三剑客”中年龄最长的一位，也是最勤奋的一位。作为一个对房地产领域非常熟悉的研究者，他始终如一地坚守自己的观点，从多个角度进行系统的分析，以确凿的事实抨击高房价的危害，并向高房价的维护者进行挑战。先后把徐滇庆等拉下神坛，让大众对经济研究领域有了更清晰的认识。

在牛刀兄身上，我看到了一种可贵的坚持。

这一点是我所不及的。

在我的内心，有一种脆弱的东西，我可以无惧任何利益集团的威胁或恐吓，却无法承受曾经的支持者的倒戈与仇恨。最终，我选择了全身心地投入到我所喜欢和擅长的趋势研究领域，倾注心血，以期在专业内有所建树。

仅此一点，就足以让我对建海、牛刀两位兄长的坚守表示敬意。他们做得比我更多，承受的也更多。

牛刀兄不仅在住房民生方面始终如一地坚持，在投资领域也下了很大工夫。

在《牛刀说：我们怎样过上好日子》这本书中，我看到了他的思考和用心。

比如，他对 PMI（采购经理人指数）的解读："美国的 PMI 指数每一项权重尽管不同，但数据统计却一样严密，差错率很小。但是，对中国的生产指数，不能过分依赖。我本人在观察生产指数的异动时，同时会参考社会用电量。

在中国能源局网站，每月都会公布全社会用电量，其中，一定要看看第二产业用电量的变数，因为它直接反映生产的景气度。如果第二产业社会用电量下降，说明生产开工量不足；反之，则说明生产能力在扩大，经济景气度就高；如果变动不大，则说明生产一切正常。社会用电量这个数据是最不能骗人的数据，也是人为所不能操控的。用这个数据参考 PMI 的生产指数来判断生产景气度，是比较客观也是比较理性的。尤其是准备投资实业的朋友，要时常关注这个数据。"

我本人也是参考用电量、运输数据等，来看中国的 PMI 指数的。因此，能够理解牛刀兄这种严谨论述的价值。

《牛刀说：我们怎样过上好日子》这本书，还特别提到了回归常识的重要性："回归常识，是按规律办事，相信经济规律，繁荣、衰退、调整、复苏，是任何经济体都抗拒不了的规律，任何经济体都不是永动机，该调整的一定要调到位；回归常识，是把复杂的问题简单来办，保障住宅没有必要发债，土地出让金要拿出来建设保障房，政府没有钱就一定要压缩开支，要保证土地出让金用到保障住宅上；回归常识，暴露什么问题就解决什么问题，不耽搁不拖延，就地解决；通胀的问题，要用货币手段来解决，行政手段只能降物价于一时，不能长久；房价的问题关系公平，必须以税收来建立社会财富的平衡机制，躲是躲不过去的。

中国，只有回归常识，才能理性发展。”

我深以为然。

我们处在一个扭曲常识、掩盖常识的时代，这种扭曲和掩盖由来已久，已经严重影响了人们的思维和行为方式。失去常识、远离常识的民族是非常可悲的，因为，这将意味着一种难以回归的迷失。

但愿牛刀兄以他有力的呐喊，警醒沉睡中的人们，帮助我们找回自我，重新回归理性的状态。

从这个角度来看，《牛刀说：我们怎样过上好日子》这本书的价值，是更应该被重视的。

此外，这本书对金融、经济领域相关数据的解读，不仅对于投资者大有裨益，对于不大接触经济学，而又想有所了解的读者，也是非常有益的。因为，牛刀兄在写书的过程中，追求文字的朴实、通俗，很容易理解，读者阅读起来应该是很轻松的。愿读者朋友，能够从中深深受益。

2011年11月7日于上海

我的投资旁门绝技

牛 刀

自 序

一直想写这本书，在我们这个通货膨胀的年代，老百姓不得不去投资。老百姓不投资，资产一定会缩水；而老百姓去投资，又面临着许多血汗钱会被资本市场掠夺的残酷现实，一样让人心疼。

大家知道，这么多年来，我们“三剑客”一直在向中国社会的腐败、经济的泡沫和文化的没落宣战，力图推进中国的社会变革，尽管人微言轻，但毕竟付出了自己的努力。然而，我们低估了对手的能量，尤其是在房地产问题上，完全没料到对手竟然利用政府公权，打破所有规则，拼力维护高房价。

这样，在对大势的研判上，我们几个志同道合的经济学研究者犯下了阶段性的错误，那就是对2008年美国雷曼兄弟破产后，中国大量印钞，加大投资、刺激经济的错误估量不足，导致对房价走势的误判，使很多相信我们并一直以来支持我们向高房价宣战的普通民众饱受经济损失，我们对此一直深怀歉疚。

推测后面由高房价引发的通货膨胀，已经成为不可避免的现实，中国民众将要为此付出几代人的努力，甚至很多老百姓这么多年辛劳积累的一点财富，也将要被通货膨胀洗劫一空，我们心如刀绞。现实逼着我们反思我们过去的做法，我们的许多呐喊尽管启迪了民众的智慧，但是，在已然形成定势思维的管理体系面前是徒劳无益的。许多心血、许多努力实际上是白费蜡。现实告诉我们，高房价的真面目，全国民众已经很清楚，并对此深恶痛绝，只是无奈而已。我们当然不会停止呐喊，也会继续挑战定势思维，但是，我们要与民众一起，共同度过这残酷的通胀年代。

现在的问题是，中国资本市场照样凶险，很多人一进股市就血本无归。仔细分析起来，除了极少数人是由于在技术上读不懂数据之外，还有一部分人是因为对大势看不准，结果买什么股票什么股票就下跌，好不容易选中一只好股票，却只赚几个点就出来了，一出来就后悔不迭。

股市充满传奇，股市里到处都是故事。在股市里泡过几年的投资人，都有讲不完的故事，却没有几个人真正留下一生的财富传奇。更有甚者，把宝马车开进股市，结果骑自行车出来。

要有自己的传奇，对每一个投资人来讲，不仅仅是有娴熟的操盘技巧就够了，更要懂得对大势的判断。而要真正能够判断大势，必须要具备几个基本的素质：一是具备经济学的基本常识；二是能看懂国际国内的经济形势；三是了解各大主要产业在中短期的基本发展趋势；四是熟悉上市公司的运作规律并能读懂财报；五是全盘掌握大宗资产价格的变化及其对资本市场的影响；六是精通股市操盘并熟悉期货、外汇、债券的操作技巧。

而要具备以上素质，就要求投资人读很多书。事实上，除了职业投资人外，中小投资人当中有很大一部分人平时为工作和生活上的诸多琐事所困，难有时间专门修学这些投资技巧和基本常识。联想起我本人也是半路出家，一路走到现在，从负债投资开始，到现在略有所成，仰仗的是我自己的旁门绝技。

那么，这门绝技是什么呢？

我们这一代人读小学的时候，课本上有一篇文章，叫《两把菜刀闹革命》，讲的是贺龙将军家贫如洗，出去闹革命时身无长物，只带着两把菜刀，最后成为共和国元帅的故事。我的投资并没有依赖神秘高人的指点，而是主要仰仗对经济数据的理性分析。时时关注这些数据的变化，就能找出资本市场的投资机会，尤其是对于大趋势的把握，钱投出去，大体就不会错。因此，很多日常事务繁忙的投资人，不妨下一番工夫读懂这些数据，既能避免盲目投资的行为，又能把握资本市场瞬息万变的状态，创造自己的财富。

这些数据不能代表所有的经济学理论，却是依据经济学理论来指导实践的一个大平台，浓缩了人类自有经济危机以来的新自由主义经济学派的理论精华，也是目前构建和维系全球经济正常运行的基本构架。人类之所以每一次都能度过经济危机，就是因为这些数据给了一些警醒和提示。而作为个人投资者，这些数据可以保证我们不犯方向上的错误，并在市场上立于不败之地。

说一个我讲了很多遍的故事：

2008 年 5 月 6 日，高盛发表研究报告称，未来两年内国际原油将由于供应短缺而上涨至 150～200 美元之间。这份研究报告是由高盛首席分析师默提（Arjun N. Murti）撰写的。2008 年 7 月 11 日，中外记者采访我的时候，正值原油价格达到顶点，当天收盘价为 147 美元。我当即批驳了高盛的观点，指出原油价格很快将跌破 100 美元。国内一些带有买办色彩的人士在天涯社区发帖嘲笑我，后被网友们反讽。这个帖子，后来成为天涯社区有史以来最长的“鞭尸帖”，被网友反复嘲讽，从 2008 年 7 月 12 日，一直持续到 2011 年年初。

事实上，从 2008 年 7 月 13 日，国际原油价格在高位盘整了 3 天就开始大幅下跌。但是，高盛在2008年8月20日仍然发布报告，声称原油价格要突破200美元，理由是全球需求增长和供应下降。我当时判断高盛是在唱多做空，或者是手中还持有原油没有跑掉，因为谈到市场供应问题，只有一个理由可以让人认为原油价格还会上涨，那就是美国从伊拉克撤军。只要美国不从伊拉克撤军，原油供应就不会出现大的问题。由此可以看出，高盛没有能力左右美国从伊拉克撤军，所以，原油价格必定大跌。结果是，原油价格一直跌到2011年初，后来发生了利比亚战事，原油价格才重上100美元。

再讲一个故事：

2007年7月，北大教授徐滇庆在深圳发表演讲时说：深圳房价一定要和香港看齐，2万元钱一点也不贵。我认为，他对深圳不了解，深圳和香港是两个完全不同的城市，深圳的房价不可能同香港看齐。而且，作为均价而言，2万元一平米的房子，在深圳还有很长一段路要走，何况，房价已经在步入滞涨的状态。所以，我当即在博客里反驳徐滇庆的观点。

我当时只是一个名不见经传的草根博主，没想到，居然引起了鼎鼎大名的北大教授的关注，并且得到他在媒体上公开的回应。我当时说便说，徐教授也只是就事论事地回应，事后，我们两人都对那次争论没当一回事，也没想到搞出后来这么大的舆论。我当时想，好在对于这件事大家都不是从投资这个角度去看问题，只是当作一个纯粹的房价赌局，权当是娱乐罢了。但是，很快，我们两人都被媒体狂炒一通，我这才发觉这绝不是娱乐，而是演变为一场事关民生的大事的讨论。

事情的爆发源自徐教授本人出席博鳌亚洲论坛。一年以后，2008年5月26日，徐教授出席博鳌亚洲论坛，面对全国各地的房产记者，口无遮拦。徐教授不仅仅谈起了去年的赌局，并声称我一定会输，他笑称，我如果出不起广告费，他可代我垫付。自然，像博鳌亚洲这样的论坛是不会请我参加的，不是因为我资历的问题，而是因为我不愿掏钱。因为我当时出任《上海商报》执行总经理，无论如何，无法出席这样的论坛。所以，整个事件的缘起一直是徐教授一个人自弹自唱，与我毫不相干。

很快就到了我们约定的判断房价涨跌结果的时间，徐滇庆教授这才发现大势不妙，主动在《南方都市报》刊登了半版广告，向深圳市民道歉。三天后，赌局揭晓，当天房价下跌2000元，名义上是我胜出。但是，两个月后，美国雷曼兄弟破产，美国次贷危机全面爆发，中国的经济政策来了个180度大转弯，不仅放弃运作三年的对房地产的调控，而且迅速大量印钞刺激经济，为中国经济埋下了通胀隐患，为中国社会埋下了动荡和不安的种子。这一次的刺激经济计划超发了10万亿钞票，从此民生维艰。

再讲一个故事：

2010年2月，在国家统计局公布房价上涨幅度为1.5%时，任志强认为2010年房价会上涨5%。这个依据是以国家统计局的数据为准的，而国家统计局统计的数据是在全国70个大中城市定点抽样调查出来的结果。无疑，这个数据模型已经落后，所以，房价统计数据不准，房价上涨1.5%的数据公布后，引来全社会的一片嘘声。

如果依据国家统计局的数据模型来看，房价在一年上涨5%是一个很大的涨幅，因为5%的房价涨幅相对于1.5%实际上是上涨了3.33倍，而不仅仅只是上涨3.5%。很多网友不明白，国家统计局为什么选择这样的统计模型？为什么一直没有解释这种模型的统计和运行原理？照中国房价这套老的统计模型来看，一年5%的涨幅是根本不可能的。因此，我断定任志强的5%完全是胡说。我在博客当中批判了任志强的观点。当时，任志强并没有接招，因为他心里很虚，不敢接招。

这其中出了一件谁也没有料到的事，那就是，国家统计局公布2010年全国70个大中城市房价上涨1.5%的数据后，引起社会强烈的反响，因为与大家的市场感觉完全不符。在随后召开的全国“两会”上，许多代表纷纷质疑这个数据的真实性和准确性，国家统计局一时陷入被动，便宣布改革房价数据统计。房价统计数据改革的推行，等于宣布我和任志强关于房价5%的争论无效。道理很简单，国家统计局原来的统计来源是70个大中城市的定点抽样，改革后，只统计35个城市，而且采取的方法是加权平均，也就是根据35个城市房产管理部门的网签价格，加权平均等于全国的平均房价。这样，我们争论的基础就不复存在了。

这个问题，别人可以不懂，任志强不可能不懂。

时过境迁，很快便到年底。我没有想到的是，任志强居然出尔反尔，使用流氓手段，先前不接招，现在却主动站出来，在2010年12月突然宣布：“我赢了”。输赢本不重要，关键是谁也不能单方面宣布说自己赢了，谁赢谁输的判断要等国家统计局宣布最终数据之后才是有效的。然而，任志强宣布自己赢了之后，舆论哗然，网友们的敏感神经全被触发，本来我还想作出解释，但是，舆论已经一边倒，大家最大限度地认同房价上涨超过5%，而不认同游戏规则。如果我再强行辩驳，不是无可解释，而是将会伤害许多网友。因此，我将已经发表的博客文章全部删去，我想，先等网友们冷静下来再说，因为毕竟最后要以国家统计局最终数据为准。

时至今日，国家统计局也没有宣布2010年房价比2009年同比上涨多少。网上所谓的同比上涨6.4%只是一个媒体自己按月统计平均之后而得出的结论，它宣布的并不是国家统计局的数据。也就是说，时至今日，2010年全国70个大中城市房价同比上涨数据是一个空白。任志强凭什么说自己赢了？

写这本书，当然不是为了讲这三个故事，而是为了证实一个历史的真实，还原真相，才能看清本质。因为中国老百姓的朴实情感，被高房价伤害得太深了。现在大势渐明，中国住宅不再可能继续是一个投机的市场，而且，房地产的价值在于土地，中国的土地是政府所有，不归个人。因此，现在的炒作内容其实只是本来也没有丝毫投资价值的钢筋水泥。所以，我们必须告诉大家：什么才是投资，什么才是市场，如何才能在资本市场掘金?

我们不能要求所有中小投资人都成为经济学家，但必须有一本浓缩资本市场精华的简易读本，以满足大家对投资基本知识的渴求。于是，就有了这本书。我希望通过对这些数据的解读，告诉大家一个全新的思维，它浓缩了全球资本市场的智慧精华，不仅帮助大家如何分析经济趋势，也要告诉大家财富道义和基本的投资操作技巧。对全球及国内经济趋势的清晰判断，道义，当然还有法制，所有的因素都齐备而健全，才能构成创造财富的完整的公平和正义。

谁能把握经济趋势，谁就将在资本市场上抢占先机。而先机，即财富。古往今来，许多经济学家为之毕生努力建立了一套一套的学说，很多都是围绕经济发展趋势而作。从亚当·斯密的煌煌巨论《国富论》到克鲁格曼短小精悍的专栏文章，尽管文体在演变，但是，内容无一例外都是对经济发展的大趋势的解读。在浩瀚如海的经济学著作中，解读宏观经济数据的工具书极为罕见，而研究宏观经济又能指导投资理财的实用性与可操作性兼具的工具书绝无仅有。是为此，本书斗胆创新，成功与否，敬请各位读者批评指正。

2011年9月28日于上海寓所

目录

第一篇

货币——投资的指挥棒

第 1 章

M2——家庭资产保值增值方略

005 第一节 M2是什么

011 第二节 城市居民适合长期保值的投资方法

018 第三节 4万亿刺激经济，我们没有分到一杯羹

022 第四节 M2，看不懂的二律背反

第 2 章

美元指数——全球经济趋势缩影

028 第一节 用美元指数纵览全球资本市场的风云

036 第二节 美元的投资机会即将来临

050 第三节 美元指数对中国资本市场的影响

第二篇

生产，宏观经济的基石；消费，经济繁荣的动力

第3章

PMI——经济指数的天象

063 第一节 PMI：经济晴雨表

073 第二节 美国的PMI很靠谱

078 第三节 中国的PMI只可作参考数据

085 第四节 PMI值得膜拜吗？

第4章

CPI——穿透通胀的数据迷雾

088 第一节 CPI数据与全球经济体纵横谈

096 第二节 CPI与我们的投资策略

第三篇

社会财富，我们有权共享

第5章
基尼系数——定义经济繁荣之道

107 第一节 中国的富人

113 第二节 中国人为什么会穷

119 第三节 我们如何应对贫富分化

第6章
GDP——从被膜拜的神殿回归常态

124 第一节 中国GDP究竟有多少

127 第二节 读懂全球GDP

133 第三节 中国崛起，应该追求什么样的GDP

第四篇
经济大趋势无法逆转

第7章 在资本市场高处逃顶

142 第一节 谁在房价高处逃顶

150 第二节 房价处在顶部

156 第三节 逃顶后再看盛宴后的狼藉

160 第四节 黄金永远不可能再翻身成为货币

第8章 在低处建仓获利

164 第一节 资产价格底部的生成有哪些现象

166 第二节 各种资产价格的底部在哪里

170 第三节 在经济落到谷底时给自己充电

173 第四节 最具潜力的第三产业之一是金融市场

第9章 大趋势不可逆转

178 第一节 宏观经济决策急需回归常识

183 第二节 中国资本市场急需回归常识

192 第三节 GDP增长本不重要，重要的是社会财富增加

后记之一 即将到来的资本战争

第1章 三大战场硝烟弥漫

198 第一节 美元将分三次攻击黄金

202 第二节 三天掠走中国股市100亿人民币

204 第三节 楼市不攻自破

第2章 全面攻击资金市场

209 第一节 做空中国从中国概念股开始

213 第二节 量子基金的策略

216 第三节 第一次攻击人民币

后记之二
中国资本市场与未来投资价值分析

如何作投资决策

第一篇

货币——投资的指挥棒

开篇致辞

我们需要恪守原则

有一堂课很多中国人没上过，那就是金融学。我不能按照教科书上来讲，那样的话，再长的篇幅也讲不完，所以，只能依照我对金融学的研究，讲一点精髓，供大家参考。

教科书上说，金融学是宏观经济学的一部分，是有关货币、利率、信贷、汇率、基金、证券、信托等的一门学科。这种概念化的教育，贻笑大方。放眼全球资本市场，细看中国的财富机会，我个人认为，金融学就是关于用资本猎杀资本的方法学说。用资本猎杀资本，这是不客气的，是斩钉截铁的，是不讲任何情面的，是以资本市场操作规则为最高准则的投资行为。但是，原则是必须恪守的，那就是：风险自负。

为什么要学金融学？因为我们的生活无时无刻离不开金融。

用国际金融学的理论表述是：金融学是一项针对人们怎样跨期配置稀缺资源的研究学说。

喜欢买外汇的女性，大多是非职业女性。她们常常是上午去买菜时顺便去银行储蓄所打探一下汇率变动的情况，看看非美货币的走势，看看有没有机会赚一点买菜钱。这种现象，原来只存在于日本东京、中国香港，现在，在北京、深圳、上海和广州等城市，也有很多非职业女性把炒汇作为买菜之余的修炼，试试手气而已，但经常会有斩获。

钱多的人，可能经常去证券公司营业部的大客户室坐一坐，听听市场分析，寻找龙头黑马。甚至会考虑如何隔夜理财，如何在购买理财产品时不会上当。在中国，最需要有防止上当的心态，因为一不小心，就会掉入理财产品的陷阱。

钱少的人，也有钱少的做法，哪怕只有一两万元人民币，也可在资本市场小试牛刀。不过，一定要挑一个自己最喜欢的行业进行投资。

不过，我要提醒大家注意金融行业的最大风险。

一是提防金融寡头的陷阱。什么是金融寡头？通俗地讲，就是手持大量资金的少数人，凌驾于多空双方之上，藐视大众的智商。这些人背景深厚，位高权重，拥有的资金数是海量。他们在市场上呼风唤雨、撒豆成兵，常常买通貌似中立的经济学家，为他们制造舆论，将大量的投资者圈进他们设下的陷阱里。

在市场上的表现就是，大家都去买而大家都赚钱的时候，就是智者退出的时机。大家都玩足球，肯定会把足球玩惨，所以，中国足球永远起不来；当大家都玩股票时，股票肯定大跌；大家都买黄金时，黄金多头的死期就到了；大家都买房子的时候，房价就会大跌。

而每一个波段，金融寡头都在虎视眈眈，这些人不仅能量很大，而且手法凶悍。他们以少量资金炒热市场，以大量资金推动产品价格上涨，然后在高位出逃，留下中小投资人自己玩。有的金融寡头，常常和政客一起忽悠民众，侵吞巨额财富，且累累得手。

金融寡头的使命，就是猎杀博傻的多数人。这个市场没有金融寡头，就不会有活力；而有了金融寡头，常常会给很多人的财富带来灭顶之灾。因此，我们一定不要博傻，赚了钱就赶快出来，其他的钱让别人去赚好了，完全不必后悔，因为在资本市场，钱是赚不完的。遏制自己过度的欲望，保留好既有的投资成果，是最好也最需要的心态。

二是在低处建仓，不要追涨杀跌。这种投资方式，尽管收益时间可能较长，但如果投资者眼力好，不仅能减少风险，还能提高收益。很多时候大家都不玩了，往往就是可以建仓的信号。比如当下的中国股市，在美元指数 70 点的上方，黄金跌到 1045 美元的时候，房价跌了 50% 以后……我们持有现金的人，到处都可以捡到便宜的资产。简单说，就是市场出现买点时，我们开始建仓，分批买进，高点时卖出。

三是中小投资人，千万不可跟风炒作。了解金融的本质还在于要有锐利的眼光和高人一等的智慧，发现资本市场真正的价值。使用每一笔资金时，都要讲究原则。我有一句口头禅，那就是：风险可以评估，原则绝不放弃。确立自己的原则是很重要的，一旦确定，就要坚决信守，绝不动摇。比方说，不可借钱投资，不可拿父母的养老钱去买房子，更不能抵押房产贷款炒股。这些都是原则问题，不可违背。

四是做一名快乐的投资人，不要让投资影响生活。一旦遇到由政府操纵的市场，尽可能不要跟风，因为不管你赚多少钱，最后一定会还给市场。

我在淘宝开了个网上书店。有人问我：你怎么去卖书呀？我说我是一个危机感深重的人，尽管书店不怎么赚钱，但是，一来这个小书店可以养活两个人，解决两个人的就业问题；二来有了它，我平时衣食住行的花销也全解决了，开店这件事本身还时时提醒我勤俭节约；三是万一发生经济危机，我也算有一个实业可以遮风避雨。所以，我提倡中小投资人做做小生意，开开餐馆、咖啡厅什么的，不仅能让你熟悉市场变化，也能帮助你养成良好的理财习惯，恪守持家之道。

投资有风险，快乐为本源。

下面两章，我将重点讲讲 M2 和美元指数，告诉大家实际操盘时要注意什么。

第1章

M2——家庭资产保值增值方略

导读：货币贬值与财富缩水

在这个持续通货膨胀的年代，我们要学会保护自己的资产。我们首先要学的是从M2的变化中，严密注视货币贬值的水准，寻求资产保值的方向。

我想说的是：在遵守法律和崇尚理性与道德的基础上，一定要把赚钱当一件大事来做。所以，我们不能不研究M2，讲一讲M2的故事，看看它能为我们的未来带来什么，看看我们在当下如何认识M2，在M2如此增速的背景下，我们如何跑赢M2。我们暂且不讲精神层面的东西，让我们用实际行动，先在物质上赢取我们的未来。

第一节 M2是什么

女白领的裸跑与M2的荒唐

M2是什么？

这是一个最难回答的问题，而我们又不得不每天回答这个问题。

深圳有个年轻的女白领，为了要老板加薪，裸体在街上奔跑，引得很多路人观望，有人把她的裸跑照片放到网上，一时间引得舆论哗然。我看了很多网友的评论，有的人表示同情，有的人叹息，大多数人围观，能够指出现象背后问题的人很少。当时，我对此只是哈哈一笑，我想，那个女白领不懂 M2 才会这样做。

回到本题，什么是 M2 呢？对年轻的白领来讲，M2 就是一个故事。

也许你和那位女白领一样，花了很多时间和很大工夫，甚至也不惜裸跑，好不容易老板给你加了 30% 的薪水，你感到惊喜，还觉得自己很成功，很幸福，也终于松了口气。于是，你决定给自己放个假，去逛逛超市。不逛不打紧，一逛吓一跳，你脸上的惊喜之色荡然无存，30% 新加的薪水还没拿到，超市里猪肉已经涨了 50%；平时喜欢的内衣，本来只要 38 元，现在呢，一模一样的，要 68 元；就连一种什么品牌的纸巾，原来只要 2.8 元一包，这会儿也变成了 4.8 元。购物的心情还有吗？于是，你一脸茫然，看不懂了。紧接着，这新加的 30% 薪水还没拿到，超市里的东西已经涨了 80%。

对白领阶层和最广大的工薪阶层来讲，收入跟不上物价的涨幅，这就是通胀的本质。

在恶性通胀面前，工资也会上涨，但不可能涨过通胀。我们和现在的本科生算了一笔账，1981 年本科生每月收入 35 元，住房单位分配，不用出租金，看病不用钱，出差加班还有补助；1991 年本科生 54 元，福利相当。35 元、54 元的购买力等于现在的 7000 元。试问，现在有几个大学本科生，每月能有 7000 元收入？只要读懂 M2，这一切就有了答案。如果 M2 的增速超过实际社会财富的增长速度，老百姓的财富就在缩水。我们在这里不仅仅是找答案，更是寻找方向，看看我们究竟遇到了什么，我们应该如何寻找未来生存的方法，如何才能应对这种生存危机？

M2的死穴在哪里

1948年，国民党军的最后一役，不是输在硝烟弥漫的战场上，而是输在金圆券的滥发上。当时的国民党军，尽管在正面战场上节节败退，但是，在后方还是得到很多民众支持的。而金圆券一发，通胀爆发，老百姓的恐惧心理由此滋生，纷纷抢购商品、粮食、黄金，加上国民党官员的腐败，蒋介石政府的诚信形象自此荡然无存。后方城市居民纷纷倒戈，盼解放军打进来。

以上这个典故只是随便聊聊，我们应该知道M2的死穴在哪里，那么，我们的应对方法就应该出来了。我们先来谈谈M2的经济学意义。

说到底，M2是全球约定的货币体系中的一个重要数据模型，用以测度货币币值。中国人民币的数据模型有M0、M1和M2三种，美国多一项M3。中国香港、印度、东南亚、拉美等与中国相似，欧洲、日本、加拿大等与美国的数据模型相似。约定俗成中，M0为流通中的现金，M1为流通中的现金＋企事业单位存款，M2为M1＋城乡居民存款。由此可以看出，M2是指货币总量。

相对于社会财富来讲，M2的增速与GDP增速正相关，与CPI反相关。

最重要的是M2的涨幅，全球各国没有一个统一的衡量标准，各国自行确定标准，各自确定一个目标上限。美国是由国会立法通过，M2涨幅目标的上限为5%，任何情况下都不能擅自突破。中国近十年来，在每年的《政府工作报告》中确定M2涨幅的目标上限不得超过17%，遗憾的是，

M2在2009年不仅突破了上限，而且其疯狂的程度令人瞠目结舌，令全球震惊，增幅达到了29.7%，M2自己把自己送上了不归路。

那么，我们生活中哪些东东与M2密切相关呢?

中国的CPI变来变去,不足以测度通胀,充其量只是一个食品消费指数。老百姓要观察通胀的严重程度,只要看M2就好。在目前的宏观经济架构下,如果中国经济增长在10%左右的速度运行，M2超过17%就意味着发生了通货膨胀，GDP每下滑1%，M2随之降1%，以此比例发展，只是温和通胀；如果M2超常增长，就会发生恶性通胀，就要十分注意了。

2011年是一个特殊的年份，中国正在为4万亿刺激经济计划买单，实行的是紧缩政策，M2增长略为下降，但因为2009年M2高达29.7%，超过正常状态的12.7%，要回收这么多巨额的流动性，靠M2下降1%，要12年才能完成；即使M2每年下降2%，也要6年才能完成。换句话说，按此速度，现在往后6年或者12年，中国都将处在恶性通胀中。要改变这一点，除非央行改变观念，在加息的问题上加大力度，在短时期内，改变负利率状态。

利率，是央行货币政策的死穴。如果继续加息，哪怕只加一次，就已经会是本轮的第五次加息，与上一轮第五次加息相同的结果将是，三个月后，房价下跌，股市上涨。但是，本轮的第五次加息迟迟不来，主要原因是决策层担心房价普跌，导致土地价格下跌的同时，央企和地方政府债务平台同时增加财务成本，压力很大。

不加息吧，也不行。恶性通胀持续三个月，是无可回避的现实，行政手段全部失效，物价已经全部暴涨。在食品中权重最大的猪肉和粮食也在暴涨，猪肉两个月暴涨了73%，粮食价格几乎全部处在上涨之中。M2，一个指标在下降，其他指标不调整，尤其是利率不涨，人民币的市场价格将全部扭曲。越晚调整，解决问题的难度越大。

M1 上穿 M2 的金叉何日归来

M2 在我的资本战略的研究生涯中，曾经产生巨大的作用。

2009 年 11 月，上海卫视财经频道邀请我谈谈 M1 上穿 M2 形成金叉，对股市有什么意义。我不知道导播是如何知道我在研究资本市场的，但是，我的确对这个话题有一定的兴趣，就答应做一回嘉宾。

当时，我说了一句话：当 M1 上穿 M2 时，可以满仓操作；反之，就要谨慎一点。

在 2011 年初，在凤凰卫视《震海听风录》，我和人民大学一位院长谈房价，他的研究结论是 2011 年上半年房价要下降 20%，我的意见是，2011 年房价上涨，2012 年崩盘。意思是 2011 年房价不会降，2012 年才会下降。我的依据很简单，中国的房价是由货币推动的，货币还在疯狂流动，房价就不可能下降。

看货币还在疯狂流动的唯一数据指标显示，M1 还在 M2 上方运行，M1 的增速一直比 M2 要快，表明市场上流动性极为充裕，市场不差钱。货币还在疯狂流动，去向主要是房地产，所以，房价不会降。

同样，将这种方法用于对 A 股走势的判断，也非常准确。

展开 A 股的 K 线图，我们会发现，M1 增速与 A 股走势之间具有很高的联动性。自 1996 年 1 月以来，当 M1 从低位持续走高时，上证综指也会持续上涨。例如，2005 年 12 月～ 2007 年 10 月，M1 从低点 11.8% 运行到高点 22.2%，上证综指也从低点 1074 点一路飙升至最高点 6124 点。反之，当M1呈现趋势性回落时，上证综指也会持续下跌。例如，2007年11月～2008年11月，M1从21.6%持续回落至6.8%，上证综指也从5955点一路跌至1871点。

但是，次贷危机改变世界，中国的货币体系运行模式被彻底破坏，与股市的关联性关系也被打破，M2自此以后只与房价相关联。

就像一个坏小子，与谁也不可能建立好朋友关系。M2与房价的联动关系仅仅维持了一年，就开始分道扬镳。按照M2对价格传动性的滞后性原理，M2增速在2011年下滑，房价则将在2012年下滑。

什么时候再度出现M1上穿M2，并形成金叉，我们现在还不知道。这种现象的再度出现，只有一个条件，那就是房价运行在降价的通道，那时，股市才会有大牛市出现。

从本质上分析，我们有句话要告诉大家。与A股走势具有反映宏观经济的晴雨表功能一样，M1增速的变化也能真实地反映经济运行的变化。M1对应的是个人手中的现金和企业的支票，当M1增速大于M2时，不仅意味着企业的活期存款增速要大于定期存款增速，而且也意味着居民的现金支出和企业的交易结算量在上升。

但是，因为M2的疯狂上升，不仅压制了M1对经济景气度反应的敏感性，而且，增强了货币过剩性的疯狂流动，形成了通胀。在以后很长的一段时间，中国经济将处在调整之中，因为通胀是经济的重症，不是用一年半载的时间就能治疗好的。

第二节
城市居民适合长期保值的投资方法

如何才能适应通胀中的生活，将成为我们必须面对的问题。

我们中国人必须明白，中国的通胀是全球最恶劣的通胀。

而在中国周边国家，日本尽管遭遇了百年不遇的大地震，当时为了挽救濒于崩溃的日元和股市，日本政府投放了很多货币。许多经济学家，包括我本人，也认为日本地震后将会爆发大通胀。然而，在日本政府的努力下，日本非但没有发生大通胀，反而把国民的精神提振起来，投入到新的经济建设之中，使GDP开始稳步增长。

东南亚的通胀主要反映在越南，但是越南政府全力遏制通胀，仅仅用三个月的时间，就加息125个基点，通胀很快得到了遏制。

蒙古2010年是全球经济表现最好的国家之一，通胀发生后，蒙古政府给所有公民补贴1000美元，以拉动消费，保证了经济的平稳运行。

中国澳门政府每年给市民补贴5000元水果费，通胀苗头刚一显现，马上给所有市民再补贴3000元通胀补损，鼓励大家消费。

中国香港政府发现通胀苗头后，立马建立通胀补损基金，鼓励市民购买。亏了，由港府财政按照当年通胀率进行年收益补损；赚了，市民享受分红收益。

在这种情况下，与周边国家接壤、离特区很近的地方，人们纷纷出境、出关购买日常生活用品，以节省日常生活支出。这种现象最普遍的是深圳，我在深圳的邻居罗太，就喜欢出关购买日常生活用品，每周两次去香港，每月大约节省生活费用900多元，一年省下10 000多元。

在家庭理财中，最忌讳的是跟风炒。比方说，看见房子涨价，就一窝蜂去买房子，不管什么价位，只要是房子就去买；大家说黄金会涨价，储存黄金可以抵御通胀，专家说黄金会涨到5000美元，就去抢购黄金。什么涨价去买什么，最后发展到连食盐这样遍地都是的食品都被哄抢一空。这不是很可笑的事吗？其实，家庭理财，应该回避资本正在炒作的东西，这些东西能够被资本炒起来，总有一天价格会大幅下跌。

就我本人来说，在细微处发现价值，有很多奇妙之处。

生活中，很多东西都有可能跑过M2，只是我们没有用心发现而已。很多普普通通的商品蕴藏着升值的大能量，只是有赖我们去发现。

未来十年，最具投资空间的品种当属名贵中药材

2010年西南五省干旱，中国的一味中药材——田七绝收，因为田七的主产区是广西和云南。我得到这个消息后，马上在上市公司中寻找，看哪一家可靠的公司主要生产与田七有关的药材。工夫不负有心人，终于被我找到一家，那就是广东的一家药业上市公司。

我有个习惯，如果我对哪家上市公司产生兴趣，我绝不只是对这家公司的财报感兴趣，因为财报具有滞后效应，往往会误导投资。所以，我一般都会去上市公司看看，亲眼看看上市公司的运作情况：生产情况、员工的精神状态、管理水平等。我最早去上市公司考察时，首先是打电话，然后自报家门，说明来意。

但是，这一次我发觉不妙。因为我走进这家公司大堂后，看到正对面

的电子显示牌上出现一行滚动的红字：热烈欢迎著名财经评论家牛刀先生来我公司考察。

不好，这不把我当领导了？

我平生最怕当领导，那种前呼后拥，一遇下雨还要被打伞，那滋味可不好受。我喜欢找到熟悉公司未来发展方向的人，能和我谈谈公司如何发展的人，尤其是能谈谈目前市场情况、资金情况、管理新方法等等的人。自此后，我每一次去上市公司，都是悄悄地去，从不事先打招呼，到了目标公司后，逮住一个能回答我问题的人就行了。

这家药业公司在广东揭阳，而我在上海，去一趟要准备至少两天时间。恰在那时，我在网上发起捐赠云南受灾地区小朋友的活动，每转一条我的捐赠微博，我捐出2元，短短一天，就有2160名网友转发了我的微博，这个活动的意义不在于最终捐出多少，而在于发动了大家参与，共同赈灾。在参与转发微博的网友中，有一位正是揭阳人，她告诉我三个信息：一是这家药业公司在当地口碑不错；二是它连续几年业绩都不错；三是它正在筹建中药城，田七是它主力销售的药材。

这样，加上对年报和技术形态的分析，我们开始投资这家药业公司。不到半年时间，这家药业公司的股价翻了一倍。

这一次引发了我对中药材的兴趣。于是，我开始寻访中国著名中医，了解中国中药材的出产和市场需求情况，以及未来的发展前景。有哪些名贵药材？在将来有哪些投资价值？在M2持续高增长的情况下，名贵中药材未来价值几何？

结果发现：

一、同等疗效，中药价格比西药至少被低估5倍，有的甚至被低估10倍。

二、中药材的稀缺性，堪比西药的科技性。

三、通胀在未来只是中国现象，只要中国的通胀不可遏制，以人民币定价的中药将会暴涨。

我们可以想一想，在这一轮货币贬值引起的商品价格暴涨中，还有什么没有暴涨？只有中药材。从房产、黄金、白银、字画、玉石、珠宝、镍锌锡锗钒钛锑等所有贵金属、原油、煤炭、生姜、大蒜、辣椒、猪肉、粮食，什么没有暴涨？只要是现行政策持续，M2的增长就无法降低到GDP增长的水平，价格上涨的趋势就无法逆转，只是涨势平缓而已。而真正能在十年以上看得见的值得大幅上涨的商品已然不多。从我对中药材的研究经验来看，很多品种面临着绝迹，而未来的需求并没有减少，未来价格上涨的空间十分巨大。而正是这些名贵的中药材，可以救命的效能巨大。大家想想，是救命重要，还是黄金、房产重要？

名贵中药材还有一大好处，那就是十分便于普通城乡居民储藏。而且因为目前游资不是很清楚中药材的价值点，加上游资的短期行为，根本就不明白中期投资趋势的最大潮流在哪里，有的名贵中药材的价格还处在十年前的水平，价值处在洼地。未来十年，最具投资空间的品种当属名贵中药材。

当然，名贵中药材不一定是短线投资品种，却是通胀年月的护家之宝，未来会远比黄金贵重。

股市有四大主流投资品种

中国A股奇诡怪异，读懂M2，就很容易知道怎么抓住主流投资品种。

只要经济体系没有崩溃，股市在宏观经济上的地位就不可撼动，就一定还要运转。中国的经济危机即使爆发，目前迹象也还不明显，因此，股市还会有一定的机会。如果从做空中国的国际投机基金的动向来看，他们的目标不一定是股市，而是中国的外汇储备。股市会受影响，但是，取决于这一轮底部在何处。如果股市的底部在2500点，那么，投机资金进入明显，会将股指拉到3200点上下方，700点的空间，大盘的总市值将从18万亿人民币增加到24万亿人民币，有6万亿人民币，约合9000亿美元左右的增加。

这个判断基于中国外汇的流动性会增加到9000亿美元的预测。股市和外汇这两个数据是吻合的。

股市上做空基金能赚多少很难说，因为中国股民比较成熟，有一部分会顺利出逃，有一部分会被套牢。但是，整个中国外汇储备的流动部分，将被做空基金搜掠一空，只剩下1.16万亿美国债券，6000亿美元的有毒资产和高盛控制的7000亿美元的资产。

作为投资人，首先要明了这些市场传达出来的信息，作出理性的判断。

不过，目前股市还没有见底，投资人应该谨慎。到沪市资金成交量放大到1200亿～1500亿元再考虑入市操作，现在即便有套牢的也别轻易放弃筹码。

中国股市才20年历史，当然不能和华尔街200多年的历史相比，但是，有比没有好，只要法制健全，认真规范好，就能真正走向价值投资，也许路途漫漫，也许只是要跨过一步之遥。这一步将极为惨烈，也将极为悲壮。广大中小投资人，应该尽可能地回避这一步，让机构去玩，让管理层来收拾这个烂摊子，你们需要耐心等待，一直到股市规范为止。

实在想做股票的朋友，在大盘走稳的时候，可以从四个方面展开投资：

一是关注人民币的通胀和升值。这条主线将贯穿全年，主导未来短线，一些价值潜力较大而未来价格上涨预期强烈的食品、酿酒、猪肉、粮食、羊绒、旅游、酒店等股票，值得进行短线投资；而人民币继续升值的动力依然很大，纸业、航空、航油、运输类股票将因此而受益。

二是煤炭和医药类股票值得关注。作为能源的替代品和补充，煤炭行业在未来空间巨大，如果国际原油继续飙涨，煤炭股票的上涨就会越强烈；医药类股票在药材资源上占有优势，未来中药材会更加稀缺，而因为环境和气候的变化、污染更加严重和老龄化社会的到来，医药股值得关注。

三是成长性产业和农业股有重估潜质。农业方面政府正在加大投入力度，但是，天不助我，2012年还将出现历史上罕见的灾难，所以，农业不得不投入重金。至于成长型股票，是中国股市的常青树，对新材料、新技术和尖端科技类股票需高度挖掘，重估一切价值。

四是关于有色金属类股票。这些股票这两年让中国股民收益不菲，不妨重点关注稀土和锗锌锑钒钛。

白酒的故事：价格上涨几千倍

通胀是一场灾难，抵御通胀，实际上是对财富的一次避险。大家想想，在电影、小说里，我们的老祖宗在这方面表现出了最可贵的理财智慧。在乱世之中，最后挽救一个家族的绝不是房子，因为房子是最没有用的东西，不仅不会变现，还会是拖累。

林语堂说："你要一天不得安生，就请客；你要一年不得安生，就盖房子；你要一辈子不得安生，就娶太太。"现在也是一样，如果遇到经济危机，房子也将会拖累一家人。所以，在小说中、电影里和各个家族的传奇里，往往是大太太拿出一些金银细软，名贵字画，或祖传秘方，拯救了一个家族。

有一次，我邀请在上海的朋友去我老家聚聚。中午，我老家朋友做东，吃的是家乡野菜，当时，东道主拿出一瓶酒，我们其中的一位上海朋友当场叫了起来："哇，还有这个酒啊？最少值一万啊！"

事实的确如此。上个世纪1980年的玻璃瓶装的老家名酒，当时是5毛钱一瓶，现在在拍卖会上居然有人出价4999元。同样的酒，1991年的也卖到2800元；当时的仿茅台酒包装的瓷瓶装的酒，主要是权贵阶层专享，当时价格8元，现在有人出价18 888元。那个时候，中国的大米是农民自己种植，水全部取自地下矿泉水，没有污染；那个时候酿的酒没有造假，那个时候的酒没有勾兑酒精。那个时候的酒不仅醇香，而且留香持久，绵久悠长，延年益寿。

当时的酒，酒窖没到时间绝不开坛，酿造工艺皆为手工，现在已经没法生产了。

要知道，很多家庭尽管有心，却并没有刻意为了增值而存酒，只是为了丰富家庭生活，培养一种纯粹的爱好而进行收藏。没想到的是，几十年过去，居然成为一笔巨大的财富。尽管收藏酒需要一定的条件，比方说需要一个家用酒窖——也有的用恒温冰箱代替，但是，很多藏品不需要复杂的环境，很多朋友都有条件可以做到，所以，一定不要忽视生活中的收藏。十多年后，很多东西都有价值翻上上百倍的可能。翻上几十倍的收藏品，则比比皆是。

真应验了一句古话：有心栽花花不发，无心插柳柳成荫。

第三节
4万亿刺激经济，我们没有分到一杯羹

建海来上海，我们俩长夜未眠，在上海的大街上边散步边聊天，时而争吵，时而叹息。

今天的中国，通货膨胀、道德崩溃、人人自危、基尼系数已经突破0.5的国际警戒线……这一切，都得从2008年岁末的4万亿刺激经济计划说起。

4万亿刺激经济计划的出台背景

当时的中国，经过长达4年的房地产调控，正在有效地化解房价泡沫，被地产界称作“华南五虎”的碧桂园、珠江、合生创展、富力以及恒大地产，全部出现资金链问题，降价一触即发。而且，万科、中海、金地等深圳品牌房企，已经在全国包括北京、杭州、上海等地开展降幅15%～30%的活动，尽管发生退房潮、断供潮，中介公司开始出现关门闭店的现象，总体房地产市场仍然呈现平稳状态。

当时的宏观经济，主要问题是消费不足，投资过度。如果进行有效调整，只需花两年工夫，中国宏观经济可以说能呈现出美国、印度那样，依托内需全面提高全社会购买力水平，拉动经济增长的良性状态。当时，解决全民免费医疗问题，只需450亿；解决大学生助学问题，只需180亿——就可以保证全国贫困生都能读书；农村刚刚取消农业税，农民消费市场正在启动；经济经过调整，腾飞只是指日可待的事。

当时的政府，严格控制楼堂馆所，地方没有什么债务，因此，也没有什么负担。政府励精图治，打下了一个很好的基础。只要房地产一降温，地方政府就不可能有卖地的冲动，粮食生产就不会受到影响，社会稳定，人心思安。

当时中央财政赤字水平不高，无须依赖印钞来向市场注水。因为GDP处在较高的增长状态，而通胀处在很低的水平，根本看不见物价天天暴涨的现象，社会财富的平衡机制也在逐步建立，贫富有些分化，但是，远没有现在这么严重。就我本人而言，我当时在深圳只有20万年薪。上海借浦东开发的余威，经济增长势头比深圳好，我一来上海，年薪就翻一倍，达到40万，当时主管某网站上海房产频道的运营。

可以说，只要坚持调整一年，中国经济就可以解决结构性问题；只要内需扩大，我们的经济就会具有内生的活力。对于国际市场出现的问题我们也应该有能力应对，因此，经济没有大的风险。

但是，2008年9月5日，美国次贷危机越演越烈，雷曼兄弟宣布破产，整个全球贸易受到极大的影响，珠三角和长三角大量的出口企业裁员，约有6000万农民工失业。如果当时能够冷静看待失业，不慌不忙地处理全球经济对中国的影响，这个问题是可以解决好的。只需三招：

一、妥善安置失业的农民工。政府应该就地安置农民工，不让他们返乡，实在无法安置的，就对他们进行一些必要的生活补贴，那个时候没有通胀，只要补贴一点钱，农民工的生活就没有问题，还能争取民心，一旦次贷危机风暴刮过，我们就可以慢慢恢复生产，不必恐慌。

二、迅速梳理所有的出口贸易，寻找一些污染比较严重和劳动密集型而劳动力过于廉价的企业，尽可能对其进行淘汰，进行整个出口企业的结构性调整，留下真正符合中国长期发展的产业。

三、调动政府资源，迅速将一批企业转型，向国内寻求市场。当时，韩国、日本的国民自发向政府捐赠黄金和美元，帮助政府度过危机。中国应该号召国民共度时艰，救活企业，恢复生产，不遗余力地扩大国内消费。

但是因为中国改革开放30年来从没经历过这么大的经济危机，缺乏经验，没有这么做。

4万亿刺激经济的结果就是通胀全面爆发

现在看来，当时还是有一些主流经济学家提出过不同的看法，但是他们的意见没有得到采纳。我和曹建海、时寒冰当时的意见是，无论如何，政府可以启动主导产业进行重点扶持，但是，不能回到老路上去。因此，我们舌战成思危，争论十大产业的归属问题，利用博客的影响，借用凤凰卫视和中央电视台，各大门户网站和其他媒体，发出我们的声音。

可是，经过不长时间的争论，最后我们看见的，是4万亿刺激经济计划。

我们很清楚，国家拿不出4万亿。一是4万亿的国债要卖出去是不可能的；二是当时正处在加息和提高存款准备金的通道，突然拐弯放松银根的环境还不具备，因为中国经济的结构性调整正在进行，突然拐弯，等于5年的努力功亏一篑；三是依赖社会集资、民间力量筹措资金更不可能。

我们研究来研究去，最后吓出一身冷汗，因为我们发现，决策层只有一个办法，那就是印钞。

中国是个高储蓄率的国家，印钞就是把老百姓的储蓄全部稀释，最后的结果就是通胀，这是经济学的一个基本常识。而且，我们的社会保障制度还很不完善，老百姓的储蓄是对自己的保障。把老百姓的储蓄稀释掉，这是绝不能干的事情。所以，我们无论如何也不敢相信。

结果，数据出来，2009 年 M2 增速高达 29.7%，我们傻了。我们减去当年的 GDP 增速，除掉外汇占款，发现实际当年货币贬值高达 14.6%。更重要的是，这 4 万亿的投资，一下将地方政府负债提高到了 12 万亿的水平。地方政府为了投资拉动增长，反而更加需要利用民间资金。民间财富由此大大缩水。

以后我们怎么活？

遇上这样的事，遇上这样的时代，我们除了痛惜，还能怎么办？现在来挽回这个局面，已经没有机会。所以，我写过一篇博客，表达了这样的看法：2011 年中国宏观经济关键字——耗！

不管是股市还是房市，目前都已经岌岌可危。时至今日，我们仍然没有看到改革的意愿和方向。

我们来算一笔账。中国最大的一笔财富，是外汇储备。但是，我告诉大家，中国外汇储备能够流动的数量不到 6000 亿，所谓的 3 万亿，只是一笔数据。1.1 万亿的美国国债，只要美联储开始收货币，就必然会放国债，到时还要中国增持美国国债，预期会让中国增持到 1.5 万亿；两房债券 6000 亿，基本是死账；其他债券和高盛控制的外汇资产，高达 7000 亿。中国还能用多少能流动的美元？而现在，国际量子基金准备 1.2 万亿美元做空基金，准备对中国的金融体系发动攻击，6000 亿的外汇储备也面临灭顶之灾。所以，死撑房价是不可能的，因为房贷危及金融。

国内，地方政府的“黑窟窿”根本填不满。唯一的办法就是继续稀释老百姓的储蓄，继续通胀。现在，江河干涸，耕地被毁，山林遭灾，农民不事耕种，工人不事生产，刘易斯拐点已经隐现；未来的趋势，已经使人很难预料。我预计，决策层最近会出台一系列办法，但不能抱大的期望，因为，一个经济体系已经被破坏，修复起来不是那么容易。

第四节
M2，看不懂的二律背反

中国的 M2 里外不是人

中国有句古老的歇后语，叫作：猪八戒照镜子——里外不是人。

中国的 M2 现在就是里外不是人。对里，货币贬值，通胀爆发；对外，人民币单边升值，吸引大量人民币到全球消费，去为美元创造 GDP，去为全球拉动经济增长。这种现象，是宏观经济上的二律背反。

二律背反，原出希腊文 ANTINOMI，指自然界存在的两种运动力量之间呈此消彼长、此长彼消、相背相反的作用。

在康德的哲学概念中，二律背反是指对同一个对象或问题所形成的两种理论或学说，虽然各自成立但却相互矛盾的现象，又译作“二律背驰”、“相互冲突”或“自相矛盾”。

我们不去研究宇宙，那太过辽阔，不是我们这本书的要义，我们也不去思考哲学关于二律背反的深刻而烦琐的命题。我们要做的，是要考虑宏观经济学上货币理论的二律背反，这是与我们的利益生死攸关的事。

在宏观经济学上，二律背反是对民众的双重掠夺。最后集中在通胀爆发上，最主要的数据反映是 M2，最本质的特征是掠夺。

我很难设想，为什么中国宏观经济会出现这种状态？就像我不明白，2011 年 5 月，长江中下游五省，为什么遭遇百年难遇的巨大旱灾，却在 6 月份逆转，又遭遇百年难遇的巨大洪涝。这么短的时期内，旱，涝，气候变化的两极不期而遇，一同作用于同一个地方，这难道是大自然的二律背反？这叫粮食作物怎么存活？这叫大江大湖如何润泽？鄱阳湖、洞庭湖、太湖刚刚还是一片草原，湖底朝天，鱼虾晒太阳，一转眼，连下暴雨，洪水滔滔。

自然界的现象和宏观经济的市场表现如出一辙。

从经济层面来说，一场大的危机正在来临。

从外围来看，美元只要结束 QE2，其实就等于美元十年熊市结束，即将开始走强。美元走强，极易造成美元回流，本来中国正在发生洪涝，到处都是钱，而这些钱的很大一部分都被锁死在房地产和黄金上，江湖突然干涸，流动性一夜之间悄悄不见了，房市、金市受到的冲击前所未有，价格狂跌。

从内部来看，决策层正在为中小企业破产倒闭、失业率造成社会动荡、通胀高居不下而伤透脑筋，货币政策无法进退，最好的收缩时机应该是 2011 年。而实际上在 2011 年，为了保住地方政府的一些低效、过剩的投资项目，M2 依然保持 16% 的增长，通货依然在膨胀，以致政策无法在遏制通胀上显示效能，错失消解通胀的良机。

这个时代，是一个钱多而投资者对投资格外谨慎的时代，中国城乡居民在选择投资理财品种的时候，一定要坚持长、中、短期科学搭配的原则。长期的投资应该选择名贵中药材、名贵玉石和部分黄金等护家之宝，投资可以传代，而且升值空间预期强烈的品种；中期的可以配置一些保险产品，特别是有稳定回报的产品，有实力的家庭可少量在低位配置一些房产；短期的，可以配置一些股票、债券和外汇等现金资产，以备不时之需。

投资者要时时关注 M2 的变化，一发现 M2 超速，在短线产品上即可适量减仓，转而将资金投到中长线产品上。如果 M2 正常运行，那么，你可以适度给短线产品增仓。

现金为王的时代已经来临

现金资产是现代投资的主要资产来源，在市场上一向称王，这个属性是不可改变的。对于家庭理财来说，配置现金资产是主要的理财方式。不动产只适合使用其属性，借钱交首付的家庭一定要十分理性，这些杠杆式的投资会有获利，但是，收益一向和风险并存，资本市场从来就不承认只有收益没有风险的事。

现代金融战是一场隐蔽的战争，所有正在被大肆吆喝宣传的金融产品，最后的命运都是大起大落。

大家必须明白一个道理，有钱赚的事，有谁会去市场上到处吆喝，先告诉别人？那不是明摆着的事吗？大家想想，天上会下钞票吗？我的一位老家朋友，收藏白酒长达30年，从没跟谁提起过，只是现在白酒拍出了高价，才将自己的收藏公布于世。这种悄悄赚钱的事，才是最小众的长线获利的可靠保证。

中国的房价，几乎现在所有的媒体都在吆喝，弄得全民都知道买房子是很赚钱的事，市场上到处都是买房子赚钱的传奇。这样的事，可能持续吗？不可能，最后的结果就是，房价怎么涨上来，就怎么跌回去。只不过，涨上来时，轰轰烈烈；跌回去时，凄凄惨惨。

千万不要相信房价只涨不跌的鬼话，谎言一捅就破。

出手救房地产最后的结局大家也看得清清楚楚，那就是，政府增加负债15万亿，而且还将持续增加；其次引发全面恶性通胀。谁来承担最后的恶果？所有贷款买房的人。

所以，对于一个家庭而言，当然可以合理负债，但面对现在这么高的房价，你的家庭负债能回到合理范围吗？

十年前，每一轮危机爆发之前，都是持有现金资产和持有不动产的人之中有一半的人大获全胜，但具体是哪一半人获胜，视他们在哪个国家而定。在金融市场高度发达的国家，一爆发危机，持有现金资产的大多缩水；在发展中国家，一爆发危机，持有不动产的很多人就恨不得跳楼。中国属于发展中国家，持有不动产的人必遭劫难。

十年后的现在，我们理性回顾这场危机爆发之初的情形，可以看到，目前，持有现金资产的人大获全胜。房地产信托年化收益率超过20%；信托理财产品，年化收益率有的达到13%；民间借贷年息200%，月息突破30%。这场危机的端倪已经预示了什么，一清二楚。

资本市场现金资产为王的时代已经来临。

谁来监督M2

M2关系到所有人的切身利益，而绝大多数人却无法影响M2的决策。这才是M2必然走向崩溃的主要原因。

在美国，总统可以随时发出指令，打击利比亚，生擒卡扎菲。但是，总统没有权利将M2提高哪怕是1%。M2的任何变动，都须及时公布，随时接受公众的监督；M2如果突破目标上限，一定要经过国会成员举手表决。而在中国，M2疯狂上涨到29.7%，百姓居然一无所知，直到央行于第二年年初公布宏观经济数据时，才公布于世。此时，所有投资人才大吃一惊,叹息错过了最佳的投资节点。不仅损失巨大,而且感受到强烈的不公平,因为当时央企掌握了最早的信息，提前布局市场，抢占了土地资源。

而等普通投资人醒悟过来，房价已经大幅上涨50%，有的地方甚至上涨了100%。

昨天，媒体还在说“买房就是爱国”，鼓励大家买房子，因为买房子才能刺激经济，而今天，房子早已炙手可热，转手就可赚大把的钞票。有的城市，买一套房子居然要找市长批条子，而一张条子有时可抵50万。

谁能看得懂，这究竟是为了什么?

正如宇宙和自然有着不可逆转的规律。经济自有的规律，任何人擅自违背，必将受到惩罚。

我相信，终会有一天，中国的M2也能在法制的约束下，接受万民的监督，不再重复如此巨大的错误。

不过，即使我国的相关数据系统还不如西方国家成熟，我们也一定要紧盯M2的变化，适时变动配置我们的资产，实现增值保值的目的，不让我们的血汗白流。

第2章

美元指数——全球经济趋势缩影

目前的政策长期这么下去，在我们这个时代，一定会让我们见证房价大跌和股市崩溃。我们，将要见证中国30年来第一次经济大萧条。这是我们回避不了的灾难。那么，在这种情况下，我们要将眼光转向全球。在人民币升值见顶之时，我们要购买美元，学会投资国际资本市场。

人民币升值见顶，有两个主要特征：

一是中国对外贸易连续三个月产生逆差。不管国内企业怎么调整产业结构，由于币值变动过快，都会让贸易结算产生差额。简单地说，顺差，表示我们赚钱了；逆差，就是我们亏损了。不管是赚钱还是亏损，都不影响外汇占款，因此，对输入型通胀不产生影响，只对汇率产生影响。一旦产生逆差，人民银行将考虑在市场动用对冲工具，及时采取措施。必要时，会采取买进美元的方法，促使人民币停止升值。这个时候，也就是我们决定买进美元的时候，可适当打一两周的提前量。

连续三个月产生贸易逆差后，我们就要密切注意央行采取何种办法，据此调整我们的投资策略，从而立于不败之地。

二是美联储加息，美元回流，人民币被强制重新贬值。现在还不能准确判断美联储加息的时间节点，但是，2011年6月30日，QE2结束后，美联储的货币政策究竟走向何方，现在还不明晰。如果美国一条路走到黑，继续执行QE政策，加息不是不可能，因为这种政策是一种弱势美元的政策，直接导致全球大宗资产价格暴涨，可以让黄金冲上5000美元，可以让原油价格轻易突破前期高点后冲上200美元，可以让铜铝镍锌锡和农产品价格再暴涨两倍，然后，就能以通胀的形式继续掠夺全球新经济体的财富，同时，将中国逼入绝境。

但是，弱势美元的副作用是，最后收场怎么办？因为全球的通胀最后会影响美国本土的通胀，影响美国总统的中期选举。两权相衡，很难决策。

导读：人民币升值见顶之时，我们要购买美元

所以，不排除美国走另一条路，那就是迫使中国继续释放货币，保持所谓的高增长高通胀之路，掠夺中国国内财富供养美国，那么，美国就可以暂时不执行QE3，而只是继续保持低利率的政策一年，最多一年。按照美国的财年计算，执行到2012年7月。随后，美联储会挑一个最好的时间段，开始进入加息通道。

中国顶多只有这一年时间。在这一年多的时期内，中国如果没有能力遏制通胀或者债务问题出现风险，也许将会导致经济硬着陆。因为，美联储加息将会导致美元回流，外资为规避风险，可能会集中抽逃，包括目前年化收益率高达20%的房地产信托资金，中国经济这一轮繁荣将就此停住，不得不像日本一样步入长期萧条。

第一节
用美元指数纵览全球资本市场的风云

美元指数究竟是什么

毫无疑问，要成为一个真正的投资人，首先一个条件就是要有自己的投资工具。

每个人的投资喜好尽管不同，但是，对宏观经济的关注程度却是一样的。在当今世界，经济风云变化万端，却在给许多有心人创造机会。中国加入全球经济的大循环后，我们才有了关注和研究美元指数的可能。因为宏观经济的最大价值取向，就是货币币值。而在所有货币当中，美元币值的变化，一举一动都将影响全球经济走向，一个小小的细微末节，都有可能影响全球商品价格，甚至影响中国股市大盘和相关个股的涨跌。

美元指数，为我们打开全球经济的宏观视野提供了一个平台。了解了美元指数，基本上就能让中国投资人具备一个高度，俯视全球亿万富翁，笑傲货币战争中所有的江湖群雄，也只有这样，才能在资本市场上立于不败之地。

然而，这么一个全球经济的风向标，却并非出身于名门望族。从它诞生的第一天起，就不具备高贵血统，也与华尔街无缘。说到底，美元指数就相当于中国的草根，出身卑微，却藐视富贾豪门。

1985 年，一群普通的棉花商人在一家棉花期货交易所做经纪。这家棉花期货交易所成立于 1870 年，一直从事棉花的期货交易。在与全球各国的贸易交往中，他们首先发现货币币值的变化带来的巨大商机，然而，各国货币主要对应美元，而美元却没有一个指数系统用以检测非美货币的价值变化。于是，在 1985 年，他们的棉花期货交易所成立了一个金融部门，第一件事就是建立美元指数数据模型，成就了美元指数。我真的希望有一天，中国经济学界出现一群普通的草根学者，也来成就人民币指数，并使之成为引领全球经济的风向标。

美国这群普通的棉花商人成就了美元指数，却没有任何人在史册上留下什么大名，世人似乎也不曾记取他们的荣耀。但是，可以说，在未来甚至一个世纪以后，也没有人敢藐视美元指数这么一个看似普通的数据模型，因为美元指数在全球经济趋势变化上的及时反应能力和影响力，无出其右。

我们现在无从考证这几位普通的棉花商人研究建立美元指数的目的是什么。但是，毫无疑问，他们不仅仅只是根据棉花贸易的覆盖区域和国家来建立美元指数，而是全面考量影响全球 GDP 的主要货币，而又正在从事自由贸易的国家而得出参数。所以，美元指数最初是选择目前欧元区的5个国家的货币和日元、英镑、加拿大元、瑞典克朗、瑞士法郎，直到欧元区成立后才改为欧元和其他货币。各国货币对应美元的权重也是参考经济总量和货币总量来确认的，目前，各大货币对应美元的权重分别为：欧元占57.6%，日元占13.6%，英镑占11.9%，加拿大元占9.1%，瑞典克朗占4.2%，瑞士法郎占3.6%。

这个指数以100点为基本经济平衡线。高于100点，说明美元强势，不断升值。同时，从宏观经济来看，全球经济稳步健康，运行良好；如果低于100点，说明美元贬值，而全球经济弱势整理低调运行，存在自身结构性问题或战争、天灾等不确定因素。

从K线图上，我们清楚地看出，美元指数从欧元区成立以来，一直在100点上方运行，真正破100点，是2004年4月18日开始，跌至99点，一直波幅运行至2008年3月形成谷底，至71点，2008年3月14日最低探至71.657。到2008年9月，美国政府开始刺激经济，并要求全球相关国家一同拯救次贷危机，美元指数才重新运行到80点上方，中途的2009年12月滑落至76点上方，然后又开始上探至89点附近，受制于90点的巨大压力，加上2011年3月日本地震，担心日本经济将影响全球经济和核泄漏，美元指数重新滑落至73点上下方。

美元指数的每一个节点和运行曲线，都是这十多年来的经济繁荣和衰退、调整到复苏的历史。这些真实的记录不断告诫人们：经济的规律不可抗拒，货币贬值的结果，不是迎来经济繁荣，而是促使经济步入衰退，甚至走向崩溃。

这个意义，也许比美元指数本身更有价值。

美元指数与全球政治经济的关系

言归正传，我们把话题引回到资本市场。

如果仅仅从国际资本市场来看待美元指数，美元指数是非常奇妙的。有的时候，美元指数像五线谱，随着心灵的律动，飞出无限悠扬的音乐；有时候像波澜壮阔的大海，一任浪花的飞舞，展示优雅妙曼的舞姿。与艺术和音乐不同的是，美元指数还能给你带来财富。只要你认真读懂它，它就会为你尽情展现辉煌的坦途。

美元在美元指数100点上方运行时，欧美正在经历人类最美好的财富蜜月。

那时，美元指数对应的是十种货币，大家相安无事，共同度过了美元指数的蜜月时光。那个时候，美欧货币运行比较平稳，资本市场机会不多，我们很少参与投资。但是，很快，美欧蜜月的美梦还没做完，欧元区就宣告成立，无论是GDP总量还是货币总量，离美元都只有一步之遥。美元，从此每天晚上都在做噩梦。

欧元区寄予了货币许多期望，一开始便向美元发起了凌厉的攻势。

第一次美欧交锋，双方都有所表现，但是，比较温和，没有产生大的震动。

第二次美欧交锋，双方是真枪真刀地干。短短半年时间，美元多头抓准希腊债务危机，向欧元发起了总攻，从1.56开始，一直将欧元逼入1.26。这场大战已列入资本市场的史册，我在此不再详述。随着时间的推移，我想大家更加关注的是，美欧的生死大战将何时展开？

那我们现在来看看美欧生死大战——第三次美欧交锋，全球外汇市场有哪些机会？

背景奇诡的阴云下密布的是什么？

不管是美国第34任总统艾森豪威尔，还是英国首相丘吉尔，都不会想到，现代战争已经不需要亲临硝烟弥漫的炮火前沿，而只需要在电脑前按动键盘指挥了，瞬间即可掠获千军万马。尽管未见刀光剑影，但是，一样血腥和残酷。

中东局势

很多人在分析，在这一次中东局势发生后，为什么北约是法国人冲在最前面？无数的评论家在分析，各种结论都有。甚至有人荒唐地指出，法国冲在最前面，是因为法国总统萨科齐要灭口。我不懂这个结论是怎么来的。有的评论更是指出，因为卡扎菲不买萨科齐的账，所以，这次法国要报一箭之仇。种种荒唐的评论在媒体上铺天盖地。那么，真相是什么？

要了解真相，我们首先要问，美国在欧洲和谁关系最铁？大家肯定会说，美国和英国关系最铁。

大家应该知道，在国际关系事务上，只要美国出头，英国总是第一个表态。这点表现在伊拉克战争中的事情，大家一定记忆犹新。美英总是第一时间联手冲在最前面。而这一次打卡扎菲，英国还没表态，法国就开动了航空母舰。试问，没有美国的同意，法国敢自己这样出动航母吗？没有奥巴马的首肯，萨科齐在面临总统大选前夕，能带领北约，攻打利比亚吗？别的不说，单是解决利比亚这个小问题，美国单独出面就够了。如此风光的事，美国为什么要让给法国？

我们再来看看，最近，萨科齐的总统竞选对手卡恩为什么出事？

2011年5月14日，国际货币基金组织（IMF）总裁多米尼克·斯特劳斯·卡恩，因涉嫌性侵犯一酒店女服务员而被美国警方拘留并监禁。5天后，迫于各方压力的卡恩黯然辞职。尤为引人注目的是，现年62岁的卡恩还是法国2012年总统大选的热门人选。这位具有全球影响的重量级人物戏剧性地离去，留下一连串悬念。

卡恩事件如一石激起千层浪，而最受震动的，莫过于法国政界。之前有民意调查显示，卡恩将在2012年总统大选中胜出。由此，法国多位政治人物和多家媒体纷纷提出质疑，认为事件背后有“政治阴谋”，似是一出政治“罗生门”。事情的真相究竟如何？对法国2012年的总统大选会产生何种影响？这是卡恩事件留下的第一串悬念。

在卡恩辞去IMF总裁职务后，其继任人选迅速成为世界关注的焦点。自二战后该组织成立以来，IMF总裁职务一直是欧洲人的禁脔，正如世界银行行长从来都是美国人担任一样。如果按照迄今不成文的惯例，谁来继任的问题并不会产生多大悬念，总之一定是个欧洲人。

性侵犯，是西方政客攻击对手最常用、最阴险的一招。实际上，卡恩性侵犯是有前科的，只是这次不迟不早却在这时发生。

把两件事连在一起，可以看出美法正在联手稳定法国。

通过打击利比亚事件，美国把萨科齐推向北约领导人的地位，一时风光无限；总统选举，美国又帮萨科齐除掉了最大的政敌。为什么？

美国要干什么？

一切的目的，是为了第三次攻击欧元。

为什么要第三次攻击欧元？在这个地球上，美元的天敌是谁？早已不是黄金，而是欧元，也只有欧元才能对美元构成威胁。欧元兑美元如果达到1.62兑1，那就意味着欧元区的经济总量有可能超过美国本土，未来的全球经济领导地位就可能被欧元取代。美元受到的威胁日益增加。打伊拉克时，正是欧洲一体化的说法甚嚣尘上之时。美国拉拢英国，动员英镑不要加入欧元。那么，打利比亚时，美国拉拢法国的目的其实昭然若揭，那就是，第三次攻击欧元后，法国将正式宣布退出欧元。自此，欧元开始解体，全球再无任何货币是美元的对手。

欧元

欧元债务危机的阴影远未驱散，是美元在第二次攻击欧元后，故意埋下的伏笔。因为那时欧元区还没有发生通胀，仅仅只是债务危机，欧元很容易以贬值的方式，扩大经济总量。现在则不同，债务危机卷土重来，通货膨胀开始在欧洲爆发。为了应对通胀，欧元被迫加息。

欧元加息，结果不仅仅是希腊、德国的债务利率将会提高，整个欧元区的国家债务都要付出新增利率的支出，使得债务危机重新爆发。而法国通胀率一向很低，也跟着深受其害。

根据经济发展与合作组织的统计，法国公共债务占国内生产总值的比率将在今年年底冲向 90% 的高点，而财政赤字占国内生产总值的比率也将在同期超过 8%。如果再不改革，法国财政赤字将在未来 30 年再攀升 5%。如果加息，法国公共债务的负担将跟着加重。但是，欧洲央行已经启动加息，并在 2011 年 2 月加息一次，预期还将加息一次。法国只得服从。那么，这意味着萨科齐 2010 年 6 月 12 日宣布的“将在未来 3 年内减少 450 亿欧元公共开支，计划把财政赤字占国内生产总值的比例在 2013 年降至 3%”的承诺可能泡汤。

只有法国退出欧元，这个矛盾才有可能得到解决。那么，历史会给萨科齐这个机会吗？

美元

美元的立场一直很鲜明，攻击欧元，稳住全球货币霸主地位。并且，美元实行量化宽松政策以来，刚刚才执行完 QE1，欧元区就叫苦不迭，大宗资产价格暴涨，通货膨胀爆发。不仅仅在欧元区，在英国、中国、巴西、印度等全球经济发达地区和新经济体，全面爆发通胀。QE2 在 2011 年 6 月 30 日到期，英国通胀、欧元区通胀都将突破 2%。现在还不能判定美元什么时候执行 QE3，如果执行 QE3，那将意味资产价格暴涨，通胀将更加严重。

美元会发善心吗？

这只有天晓得。执行不执行 QE3 要看全球政治、军事和经济的变化，是否有利于美国消化有毒资产、是否有利于美国经济全面复苏、是否有利于奥巴马连任、是否有利于全球经济再平衡。这个，连奥巴马说了也不算。

卡恩被无罪开释后，把本次事件的幕后主谋指向了普京。卡恩说，普京和萨科齐过从甚密，为了帮助萨科齐除掉法国总统的竞争对手，才下此狠手，施计将卡恩抓进监狱。普京、萨科齐、奥巴马等对此谁也没有表态。这团迷雾，只有到第三次攻击欧元后，才会吹散。那么，让我们和历史以及美元指数，一起来见证吧。

第二节
美元的投资机会即将来临

美元指数这个时候对投资人变得非常重要，无论做外汇、期货、股票，都有极其重要的作用。

美元指数基本操作规律

一般常规是，美元走强，则全球大宗资产价格下降；美元走弱，则全球资产价格上涨。但是，规律是规律，实际操作中，一定要了解单一商品的市场供求关系，才能更加准确地判定其未来价格的走势。

比方说，原油，在正常市场状态下，美元指数上涨，原油价格将会下降；美元指数下降，原油价格将会上涨。在 2008 年，我在分析原油价格下降的态势时，当时掌握三大原则：一是美元指数是否见底，如果美元指数见底，就意味着原油价格见顶；二是市场供求关系是否发生变化，有无主要原油产区发生战事或天灾人祸。当时，唯一不明晰的是，美国会不会从伊拉克撤军。如果美国确定要从伊拉克撤军，可能会导致伊拉克内乱，从而影响原油的开采和输出，原油价格可能上涨。如果美国确定不从伊拉克撤军，则表明原油供应一切正常，原油价格会下跌；三是全球宏观经济目前的发展和变化，是否会影响原油销量，当时，我们的分析是，次贷危机只会影响全球虚拟资产和金融系统，对工业生产影响甚微。

最后，我们确定，不管高盛如何唱涨原油价格，我们都坚持开始沽空。市场就是这么奇妙，原油价格在美元指数反弹的趋势中一路狂跌，从147美元一直跌破50美元。我是2008年7月11日向新闻界宣布原油价格要跌破100美元的，当天的原油价格是147美元，三天后，原油价格开始下跌。

中期趋势判断

这对美元指数的中期走势判定是至关重要的。做美元指数期货和外汇，实操要看短期技术形态，而研究宏观经济，从事其他商品期货投资或从事股票投资、债权债券投资，一定要研究中期趋势。

短线趋势，美元指数要关注的是，当天的货币政策变化和美国的失业率、房屋销售、PMI等数据，这些基本在当天美元指数走势上都能体现出来。

而对中期趋势，一定要有一个清醒的认识和理性的分析，才能把握资本市场大的机会。

一是要冷静分析全球经济的增长态势。美元指数只对应6种货币，并不是说它与其他货币不相干，在全球经济一体化的态势下，我们对巴西、印度、俄罗斯、拉美、中东、韩国、东南亚等国家和地区的经济也要研究透彻。这对每一个投资人都是至关重要的。比如，2010年春节后的一天，当晚，我们正在盯盘，美元指数发生了巨幅波动，大量卖单突然沽空，蜂拥打压美元，非美货币突然大涨。一切来得突然，市场上没有任何信息明确这些变化。于是，我们四处搜罗信息，想要明白全球经济发生了什么事。最后只找到一条新闻，那就是智利发生了地震。

智利发生地震，对全球经济将发生影响？智利是全球第一大产铜国，产量占世界总量的34%。智利北部是主要产铜区，安托法加斯塔有“铜都”之称。

当时的智利地震事件只作为一条地震的新闻被媒体简单播报。我当时的直觉判断是，这次地震将影响全球铜矿石市场的供求关系，全球铜价将会上涨。因为美元指数的巨幅波动与全球铜价上涨有关。第二天是周日，股市、美元指数休市；第三天是2月28日，正好是中国的周一，我们通知中国A股的投资人，铜的市场供求将要发生变化，铜价将会上涨。后来市场的走势印证了我的判断，全球铜价暴涨。

如果没有美元指数的及时反映，我们就将错失许多机会。

二是关注GDP增长较快的经济体。GDP既是经济增长的标准，也是衡量一个地区、一个经济体、一个国家处于何种状态的指标。当然，也要研究GDP的构成，以及构成的形态和要素。比如，印度GDP的构成形态类似于美国，以第一第二第三产业来计算，与中国的出口、投资和消费不同，所占比例最大的是第三产业，美国占72%，印度占70%。我们中国的GDP权重，第三产业占比只有40%左右，明眼人一看就知道，经济结构极为不合理，主要靠投资拉动的经济体缺乏后劲，而且，易于衍生资产泡沫和爆发通胀。

而消费占比达70%的经济体，经济运行基本健康。选择这些经济体进行投资，获得的将是中长期的收益，而以投资拉动经济增长的经济体，主要适合做短线，因为靠投资和出口来拉动经济增长的经济体迟早会出事。

这样，我们开始把眼光投向印度、蒙古、俄罗斯、东南亚等国家和地区。尽管这些国家和地区的货币和美元指数的走势不相关，但是，根据规律，美元指数处在弱势整理阶段，对应的，一定是这些新经济体经济增长的黄金期。

我们对印度经济的研究是从软件外包业务开始的。印度的软件外包业务从零开始，到一年达到200亿美元产值的水平花了五年，从200亿到

1000 亿美元花了两年，从 1000 亿美元到 2000 美元只花了一年，如此飞速的成长，令世界惊叹。

2010 年，蒙古经济的增长让世界瞩目。在中国，对蒙古经济进行全方位研究的经济学者不多，我是其中之一。以致香港政府组织 16 个基金公司去蒙古考察，最后来征询我的意见。蒙古的两大支柱产业是矿业和羊绒，在全球资本蜂拥进蒙古后，羊绒价格将会暴涨，所以，我们在 2011 年 4 月下旬开始建仓某羊绒基金，一年大约会有一倍的收益。

但是，据我分析，美元指数一旦走强，这些新经济体国家将要经受一次重创。

三是 PMI，也就是采购经理人指数，我在后面将专门对此进行论述。PMI 是一项全面的经济指标，概括了美国整体的制造业状况、就业状况及物价表现，是全球最受关注的经济指数之一。除了对整体经济指数的关注外，采购经理人指数中的支付物价指数及收取物价指数也被视为物价指标的重要参考，而其中的就业指数更常被用来预测失业率及非农业就业人口的数量。

PMI 是对亚洲及中国出口很有预测力的一个前瞻性指标。PMI 已是国际通行的宏观经济监测指标体系，对国家经济活动的监测和预测具有重要作用。PMI 为政府每月第一个公布的重要数据，而且它所反映的经济状况较为全面，因此市场十分重视该数据所反映的具体结果。一般意义上讲，采购经理人指数上升，会带来美元汇价上涨；采购经理人指数下降，会带来美元汇价的下跌。

进入 2011 年，美国 PMI 节节攀升，到 5 月份达到了 55。而欧洲为 52，中国为 50.9。这个信号传出来时，它所表现出来的规律正好和道琼斯指数运行曲线正相关。我们在 2011 年 2 月号召大家适当投资美股，实践表明全年收益可达 30% 至 50%，到 9 月时收益已接近 30%。

未来国际资本市场的变化，与PMI数据的变化关联度将更强。

四是美联储资产负债变动情况。美联储资产负债的任何变动，时刻都会公告，是美国民众都有权知晓的数据，因为这笔资产是属于所有民众的。这些负债中的国债持有量和货币总量尤其应该关注，这些数据将会直接影响投资人判断全球经济格局的变化和经济是否正常。比方说，货币总量增加时，全球资产价格就要上涨，可能带来其他区域或本土的通胀；当货币总量减少时，就表示经济要发生紧缩，资产价格就要下降了。

在美国推行QE1开始时，我们在中国A股方面，主要进行有关通胀题材股票的投资。因为通胀将不可避免，在每一个时间节点，我们都规划了投资什么品种，从种业开始，到猪肉结束，虽然还有一些行业的股票会涨，但是，我们不会去做。在中国，炒作粮价和炒作房价一样，是一种犯罪的行为，是绝对不能做的。而且，我敢肯定，所有炒作粮价和房价的人，最终一定会受到惩罚，无论他是谁。

五是美联储黄金持仓量。这个数据也能分析出全球通胀的变动情况，依此也能分析出美联储货币政策的变化。比方说，如果美联储黄金持仓量增加，表明货币贬值趋向于开始停止，币值开始稳定，通货膨胀开始扭转。全球很多国家在美联储金库都储存有黄金，各国黄金持仓量的变动情况也能反映这个国家货币的发放情况，依此可以判断这些国家未来货币政策的走向。

美元是如何进行市场操作的

简单讲讲美元市场的操作，是为了让大家了解美元作为全球储备货币，如何求得市场的平衡，既维护美元的霸主地位，又能取得推动全球经济持续增长，在市场上争取再平衡。对于喜欢美元指数的读者，不妨多研究研究美元的市场操作手法，也许对操盘有所帮助。

与美元形成对冲机制的是美国国债。

美国国债总额13.5万亿美元。根据美国国会预算处（CBO）2011年1月26日公布的数据显示，2011年联邦预算赤字预计将达到1.5万亿美元，先前的纪录是在2009年会计年度创下的1.4万亿美元。美国财政部数据显示，从2010年10月1日起算的会计年度至今，财政赤字已累积8294亿美元，高于前一个会计年度同期的7170亿美元。2010年年底，美国财政部表示，美国最迟在2011年5月16日触及负债14.3万亿美元法定上限，并可能在2011年7月8日前出现违约。

促使伯南克改变货币政策的正是这个原因。伯南克原本坚决执行QE3，那时，全球通胀大爆发，全球大宗资产价格飞涨，原油价格将会触及150美元，黄金价格也会触及高盛所说的2000美元，铜铝镍锌锡、铁矿石、农产品等国际期货商品价格全面暴涨，那么，在商品价格的上涨中，美元很轻易地就能掠夺全球财富。执行完QE3，美国经济全面复苏的态势才能正式确立，为美元的走强打下基础。

对应美元指数来说，如果执行完QE3，美元指数将会跌破历史低点71.73，并跌破70点继续创历史新低，有可能走向65点。但是，在72点上方，因为债务触及新高，美联储被迫宣布在2011年6月30日QE2执行完后终止QE。

在整个量化宽松过程中，美联储一面放货币，一面收国债，两期量化宽松共放出货币1.3万亿美元，而美联储增持国债也达到了1.6万亿，远远超过中国。而中国在美联储收国债的过程中，却连续5个月减持美国国债。中国的这个操盘手是个反向指标，这个时候减持美国国债就会减少未来受益，因为这个时候是美国国债收益最低点，中国减持美国国债，美国求之不得。

到美联储收回货币时，美联储就会加息，国债收益就会大增，这是一个简单的道理。中国的做法是，在低点卖出，在高位买进，这不明摆着是给美联储送钱吗？中国持有美国国债总额的 8.7%。除了美联储自己，中国是持有美国国债数额最大的国家。这一块收益是很大的，为什么非要往亏损方向操作？我百思不得其解。

美国个人和机构持有美国国债总额的 42.1%，美国社保信托基金持有 17.7%。和其他发达国家不同，美国得到国会批准之前，不能借债。法定国债上限可以回溯到第一次世界大战时期，当时以总体上限确定借债规模。在那次改革之前，美国每次借贷都需要分别得到相关政府部门的批准。后来，现任财政部长盖特纳告诉国会，如果不提高上限，财政部预计 2011 年 5 月 16 日之前国债就要达到借贷上限。由于政府只能估计每天的税收进账和数百个政府机构的开支，计算达到国债上限的确切日期相当复杂。最后才确认，2011 年 7 月 8 日会突破上限。这下才麻烦。

国际评级机构麦迪把美国国债评为负级，一时舆论哗然，奥巴马不得已亲自出面平息舆论，强调美国政府有能力解决债务问题。美元指数同时开始触底反弹。黄金、原油、白银等大宗资产的价格一夜间狂跌。

美国政府官员们，包括财长盖特纳，威胁国会说，一旦债务达到上限，违约可能引起市场的太多不确定性，可能导致全球市场恐慌。他在国会作证时说，美国违约造成的危机可能超过我们刚刚度过的危机。对此，国会也无可奈何，刚刚过去的这场危机让美国人记忆犹新，如果再来一场危机，他们将无法对选民交代，只好同意提高国债上限。这种措施可以让财政部得到 1.1 万亿美元的资金，因此违约时间可以推迟几个月。

如果美国违约，美元价值受到的破坏将难以修复，也将使美联储几乎不可能维持其低利率政策。财政部前部长贝克（James Baker）说，如果没有美元作为事实上的全世界储备货币，美国就是另一个希腊。也就是说，美国就破产了，真的破产了。美元和美国国债就是这么好玩。政治家们不断挑战极限，一旦极限无法再突破，美国国债就会变成一张废纸。美元指数的走势就很难预料。

现在，美国将在半年后放国债收货币。届时奥巴马一定会找中国领导人：怎么样？再增持美国国债吧！美元指数就会走强。

顺便说一句，每天的6.5万亿美元交易量证明了外汇是世界上最大的投资交易市场。因为可以直接通过互连网交易，因此外汇也是速度最快的交易市场，同时还是最公平的市场。外汇代表的是各个国家的货币交易，无人能改变货币的价值，也无人能从中作弊，一切走势变化也都是来自于市场和基本面数据的反应。不管外汇是升还是跌，投资者均有机会赚钱。

从美元熊市中奋起

我们每天紧盯美元指数，始终感觉到，在这个资本市场上，一定有一个天大的秘密没有暴露，以致我们这些不明真相的人无所适从。以我的经验来说，在资本市场上，谁的话也不要全听，一定要凭自己的认真研究，多方对比，得出的结论才真实可信。

中国的大部分经济学家，有真刀真枪在市场上练过兵的吗？难说。天天在谈黄金会涨到5000美元每盎司的人，你相信他吗？奇怪的是，在黄金白银多次大跌中损失惨重的投资人，居然没人起诉那些不负责任的经济学家。在美国，像潘石屹、任志强这种身份为地产商开发商的公众人物发表对房地产市场的看法时，没有一家媒体敢将其当作新闻发表，否则，媒体一定会遭到起诉；如果有人根据他们的言论和观点去购买房子而遭受了损失，美国的媒体和美国的民众一定会要潘石屹、任志强们赔偿。

中国股市也一样，机构天天在荐股，很多股票在半年时间里惨遭腰斩，机构居然若无其事。就连我们这样的自由撰稿人、专栏作家发表对市场的看法时，也要特别注明“据此操作，风险自负”的字样，因为我们不代表任何机构，也不敢造次。

我是在金融市场中真正进行过摸爬滚打从死人堆里走出来的人，我知道资本市场的凶险。对目前的美元走势，我忐忑不安，天天在寻找真相，而有些人，天天睡大觉。

中国人被货币贬值搞蒙了，不知究竟如何是好。很多自称是懂金融的人，买一点黄金，就把自己称为货币专家，真是滑天下之大稽。

十年走熊的美元，目前面临拐点。这是我的直觉判断。

目前，面对舆论对美元的种种诋毁，我一直都没有找到确切的证据可以反驳。有人说，美国政府债务的上限问题会影响美元走强吗？这很简单，从一个反面验证，美国是一个很讲规则的国家，50 年前的债务上限，它现在还在恪守，试问，有几个国家做得到？现在美国把债务往上调一点，在国会很容易通过，不至于影响到美元。

其次，美国经济很难复苏。我不知道这些攻击美元的人是什么用意。一个简单的事实告诉我们，苹果崛起，表示美国足够强大；微软视窗在中国收费，表示美元在价值观上攻克了国人最后的防线，知识产权在中国得到了尊重。美国 GDP 这十年一直保持在 3.5% 的比例和速度增长，对应 0.7% 的 CPI，每年实际财富增长 2.8%，比用名义 GDP 来说事的国家要务实得多。

你要美国经济怎么复苏？美国经济需要复苏吗？

第三，指责美国居高不下的失业率，也是一件很可笑的事。提出这种指责的人研究过美国的失业率吗？注意过美国非农人口就业的前值和现值、预期值的变化吗？这个变化的值经常不到0.02%。这么微小的变化，你能说失业率高居不下？按美国的计算方式，我们的非农人口就业情况，则在对比之下显得非常糟糕。我尽管没有去计算中国非农人口的就业情况，但是我们看到的事实是，多少工人下岗，摆一个地摊养家，却被城管赶得满街飞跑，一不小心还会遭殴打——这叫就业吗？

种种迹象表明，美元正在构建一个针对中国乃至新经济体国家的大陷阱。

中国人喜欢把自己的小聪明当作谋略。我想说的是，在资本市场上，从来就不承认谁比谁更聪明，而是看谁比谁更愚蠢。有资格在华尔街面前说自己更聪明的人，在中国200年内很难出现。我说这句话，不是低估我们的智慧，而是承认一个事实，人家干了200多年，经过无数风雨，刀山火海中滚爬过来，而这些年来，多少少年才俊无奈跳楼？中国的资本市场才区区20年经验，有什么资本去教训别人？

我们怀疑，我们质询，不等于不尊重别人的意见。我们大家必须回归常识,这个常识就是,任何商品的价格都不可能永远上涨。对资本市场来说，一个商品五到十年不能上涨，甚至下跌，这个商品就毫无投资价值。道理很简单，明知要大跌的商品，为什么鼓动别人去买？为什么不等到五年十年后再去买？

在这里，我只是提出我的质疑。欢迎大家一起来思考，共同来探讨问题。

我在做美元指数的时候，时常想到的问题是，黄金的定价权是美元，美元指数只要上涨，黄金就要大跌。这是常识，也是规律。回归常识，是中国投资人必须正视的问题。中国人再有钱，也不可能比欧美人有钱。当全世界的投资人都不买黄金的时候，很显然是因为价格和价值发生了背离，这个时候是投资人减仓离场的时候，这也是常识。中国人的疯狂在于不相信常识。在资本市场，不相信常识是很离谱的事。当然，如果仅仅作为家庭理财方式而合理配置一些黄金也未尝不可，可以不用顾及眼前的价格起落，就像购买房子自住一样，实用价值是不变的。但是，如果用于短线投资，就应该谨慎。这个观点，是我和曹建海、时寒冰三人共同的观点，我们三人的观点所不同的地方，在于对黄金短线行为的看法不同。

我对美元指数跟踪了7年，是国内一直坚持做美元指数的少数几个经济学者之一。我个人认为，美元指数经过长达十年的熊市，中途经过四次探底，目前底部已经探明，正在构筑一轮大圆底。技术形态显示，这一轮美元指数上涨，历时可能长达三年，美元指数将冲上100点上方。

美元，究竟何时探底

在美元指数刚刚推出来时，美元指数一直在100点上方运行，曾经上探过120点，到达辉煌的巅峰状态，体会到蜜月般的甜美。蜜月结束之时，是欧元区成立的时候，美元从此步入漫漫熊途。很多事情在哲学上是解释不通的，但在客观世界却不断发生。比如，中国股市从1290点冲上6124点花了将近两年时间，而从6124点跌到1600点却只花了一年时间。

尽管资本所处的市场不同，但规律如此。所不同的是，美国怎么也没有想到，它曾两次发起对欧元的攻击，每次都以美元的完胜结束，但都没有彻底扭转美元的熊市状态，这一熊就是十年。再熊下去，全球都慌了，因为遍地通胀，谁都受不了。

所以，这两年我一直在观察，美元究竟在何时探底？

大底，大圆底

2011 年 3 月 30 日，这时的美元指数是 76.3 点。而 76 点的下方，是美元步入加息通道的明确信号。最大的边际效应，是在 72 点附近，接近美元指数历史性的低点。

历史上，美元指数最大的底部是 70 点，但是，没有支撑住。所以，我们所讲的底部区域在 72 点～ 76 点之间，由于时间的长短不可预测，使得这根曲线呈圆形。美元已经走了十年的漫漫熊途，何时转为牛市，就看这次筑底是否成功。

上一轮有一个小圆底是在 76 点附近，在 2009 年 12 月上旬。这年 12 月 10 日，我应邀去东华大学给全校硕士生发表演讲，当时有同学询问我对美元走势的看法，我告诉他们，现在做多美元，可高看 86 点，操作得好，一年能有三倍的收益。当时，因为次贷危机阴影未散，欧元债务危机四伏，美元正在伺机发动第二次攻击欧元。

事实上，2010 年美元猛攻 90 点，始终没站稳，只是最低将欧元从 1∶1.56 元逼至 1∶1.26 元上下方。让欧元区的 GDP 从 13.7 万亿美元（当时差一点赶上美国当年的 GDP 即 14.8 万亿美元），又重回到 10 万亿美元上方。

2011 年美元正在构筑的是一个历史性的大圆底，雏形已经出现，市场却不知道这将意味着什么。

美国曾经挥舞着人权与民主的大旗，将全人类经济繁荣和社会发展列为自己的最高使命，在全球各地荡平独裁政府，将人类推向民主的理想社会。然而，最后的结果，却在这一系列社会的变局中，重组了全球利益格局，一步一步将人类引向美元走强的轨道上。

我想，美元不一定这么高尚，但是，美元也不一定搞的就是阴谋，因为美元的一切变化实际上都是在一系列法则下合法运行的。我们应该知道的是，天下没有免费的午餐，美元的终极目的，一定是维护它全球货币的霸主地位。这一点，体现在美元一而再，再而三攻击欧元上，是从美元指数反映出来的市场征象。

作为投资人，我们观察和了解政治，但是不参与政治。不过，我们应该思考的是，在美元大圆底构筑完毕时，如果我们做多美元，最后的结局是什么？

大家知道，人民币没有加入美元指数，再加上人民币在国内的购买力急剧下降，大量人民币转向国外消费，直接拉动了美元区的经济繁荣，迫使人民币走到了濒于崩溃的边缘，所以，人民币不在考虑之列。全球对冲基金大鳄陈兵中国香港，做空人民币的时机还不成熟；日元面临本次自然灾害的重创，一下将从通缩转向通胀，不在美元此次沽空之列；欧元还没有到解体的时候，也不在本轮美元走强的视野中。那么，美元究竟在寻求什么？

上一轮大圆底的促成是因为次贷危机，而本轮大圆底的促成更多的却是由于外部因素，主要是由日本的地震，利比亚、也门和突尼斯的危机等事件促成。美国非农就业、道琼斯指数、PPI 等宏观经济数据一直不断走好，不仅不会影响美元走弱，反而应该促成美元走强。美国只有房价的下跌是唯一负面的数据，但是，房地产不是美国的支柱产业，房价的下降只会影响股市，而对美元指数的影响是短暂的。

如果是外部的因素促成了这轮大圆底，解决之道一定是外部的方法。

美元大圆底的构筑成功，趋势上会朝三个方向发展：一是美元将开始加息，促成美元大量回流，减轻欧元区和相关经济体的通胀，我所说的相关经济体国家不包括中国、巴西、印度和俄罗斯；二是美联储将继续收国债放货币，美联储将继续增持国债至1.6万亿美元，以对冲两期量化宽松释放的大约1.3万亿货币，新经济体国家因本币购买力的巨幅降低，在美元走强的通道中，为防止货币过度升值，将要被迫买入美元和美元资产，致使美元更加走强；三是促成新经济体国家贸易逆差加剧，以解决贸易不平衡问题。

我不能十分确认这就是美元筑底的真实意图，但是我相信，一定与这三个趋势有关。

通过以上三个趋势，让我们一下看出本轮大圆底的真实意图：一是新经济体国家在汇率升值和贸易逆差的双重挤压下，多年贸易顺差产生的外汇储备将被消耗殆尽，中国的3万亿外汇储备在本轮美元站稳90点时，加上贸易逆差，将有可能缩水20%～30%，甚至更多，至此，全球贸易产生一种新的平衡；二是中国的房价泡沫破灭，住宅价值缩水50%左右，减少了中国货币的过度发行，让中国的GDP回到真实状态，以利全球经济产生新的平衡。

从QE2结束开始，做多美元，在美元重返100点时，如果操作得当，将有三倍的收益。

第三节
美元指数对中国资本市场的影响

中国资本市场本来与美元指数无涉，因为在美元指数中没有人民币的权重。事实上，在中国A股表现比较好的基金操盘手，都会研究美元指数。其主要原因，就是美元指数不仅仅只是全球经济的风向标，而且，对全球资产价格的影响非常大。

我在前面已经讲了一些个案，所以，在这里，只想讲一些故事。

在资本市场，你是干什么的

中国投资人最大的悲剧，是把自己的投资行为寄托在专家顾问的身上。在外汇市场，没人听这一套。在你按下电脑的键盘上的最后一个按钮时，你，自己，将要为自己的所有投资行为负全责。风险自负，是资本市场永恒的法则。

在外汇市场，几乎所有的人都会尝试“爆仓”的经历，你根本不可能知道自己的钱被谁赚走了。

我自己就有一次痛苦的爆仓经历。

那还是克鲁格曼刚刚获得诺贝尔经济学奖时，他在《金融时报》发表了一篇专栏文章，作为他的崇拜者，我当然会拜读。正是那篇文章，让我当时对美元和欧元的走势产生了严重误判。那时，欧元区成立不久，欧债危机还没爆发，市场对欧元的期望值达到顶峰，恨不能一下子把美元干下来。克鲁格曼先生当时就是抓住了人们判断市场的这个心理来揭示美元危机的。这让我当时突然有了做空美元的想法。

为此，我在那时就开始研究斐波那契，那玩意是很难研究的。首先，斐波那契的数理分析不是一般人能理解透的；其次，斐波那契充满哲理和命理逻辑，懂中国《周易》的人，再来研究斐波那契，可能会成一流的大师，而我当时对《易经》还处在抵制状态。

无论怎么艰难，只要去分析，总会有结果。最后我分析的结果就是做空美元，彻底爆仓。

当时结果出来，我整个人面如死灰，跳楼的心都有。但我天生是个乐观派，面对死亡终会大笑。我当时想来，中国第一批股市经理人，现在还有几人安在？还剩一个阚治东，人称“中国股市教父”。2010年，深圳特区30周年，准备大庆，深圳市民在网上投票选举“深圳特区30年最具争议的人物”，我的得票数稳居第一，后来组委会把我的排名降到第四，梁湘、袁庚、王石分别排第一、二、三名，阚治东排第十位。所以，股市哪有什么教父？有的只是一条一条血路。

经历过爆仓的人，格外能领悟生命的真谛。我的朋友辣姜也是中国期货第一批经纪人之一，经历了多次爆仓，再也不干了。只有我这个不知死活的人，还在继续。

现在的中国人，大多数已经不能够屡经磨难。

做股票的，经过6214一役，基本全趴下了。

买房子的，这一回一个也跑不了。他们将要尝一回爆仓的滋味，无数的人，将要和6214的股民一样，亲历一回被洗劫。

只有我们在资本市场屹立不倒，巍然如山，资本飓风刮来刮去，我们一直在博杀。

不过，所有买房人都必须明白，在这两年，你们买的房子不是房子，而是一件和其他资本市场的产品一样的产品，都带有金融产品掠夺性的性质。买房人面对着两种思维：一种是政府和开发商送钱给你们——但是，天底下有这种好事吗？一种是政府和开发商掠夺你们的财富，所有的金融产品涨价都只源于一个道理——涨价是为了跌价，在涨跌之中，看谁能赚钱。大家认真想想，再看看美元指数的涨跌，就会明白这个简单的道理。

2008年房价之所以没有降到位，其原因现在已经很清楚，是因为有些人没赚够。现在则不同，他们已经赚饱了，所以，你们就等着爆仓吧。在资本市场，最需要记住的是，在你签下合同时，自己就必须承担无限责任，想要找别人为你负责，是不可能的。

很多人买了房子，所以，房价不会跌——这种思维是很愚蠢的。金融，就是少数人对多数人的绞杀，正因为买房子的人多，很多人才招致被绞杀的命运。

只有在资本市场，你，才是你。

美元指数和中国房价

美元指数本来和中国房价没有关系，因为做美元指数的人不会到中国来买房子。现在的问题是，美元指数和中国房价尽管没有关系，但是，美元盯上了中国的房价，这里面的关系就大了。

本来，中国政府要降房价是一件很简单的事：其一，中国的商业银行基本属于政府，只要政府让所有涉房贷款一律停止，房价立马下降，当年日本就是这样干的，房价下降了80%，但是，政府只是有限度地收紧贷款，并没有停止贷款，说明政府并不希望房价立马下降；其二，政府停止供地，开发商手上的土地储备不用两年就会全部开发完，开发商没有土地就会全部死翘翘，然后，政府将土地全部盖上保障住宅，解决城市居民中低收入阶层的居住问题，商品住宅价格会立马下降，因为没人买；其三，开征房产税，对持有多套住宅的人课以重税，谁还敢囤房？抛盘都来不及，房价也会立马降。

谁都知道，中国房地产是一块大肥肉，谁不想吃呢？谁最想吃呢？那么，在地球的资本市场上，谁是老大？不错，是美元。我们再来看看美元指数，在伯南克的QE1、QE2不断释放美元的情况下，美元指数只顾筑底，却丝毫没有走强的迹象。那么，美元去了哪里？

如果这1.3万亿美元去了欧洲，那么美欧的市场变化，首先就会在美元指数上就要得到反映。而我们看到的美元指数几乎没有任何反映。如果这1.3万亿全部释放到美国本土，为什么美国本土没有一丝通胀的迹象，而且，美元指数也没有走强？

种种迹象表明，美元全部释放到了全球新经济体国家，最多的美元流到了中国。

那么，再来看中国，最近什么金融产品在涨价？不是住宅，不是股票，而是两大产品。一是银行理财产品。中国储蓄搬家持续半年多以来，储蓄存款去了哪里？最多的资金流向了银行的理财产品，导致银行理财产品年化收益率高过银行同期贷款利率的一倍；二是房地产信托产品价格飞涨，年化收益率已经突破20%，谁在赚这么高的利润？回答是，美元。

2011年7月1日，最高领导在中国共产党90周年纪念大会上强调：保增长是硬任务。

2011年7月13日，伯南克在美国国会作证说：如果美国经济持续增长乏力，美联储可能采取新的货币刺激政策。

意思很明显，如果中国政策有变，美联储将推行QE3。于是，作为对伯南克讲话的回应，也为警告中国，黄金立刻大涨，很快突破1600美元。意思是，如果中国继续高增长，全球大宗资产价格将跟着上涨，中国通胀会更为加剧。美元将更多地来到中国，推高资产泡沫，并将迫使房价上涨，中国经济软着陆的希望都将被粉碎。

而且，房地产信托产品在中国的总量不断增加，美元不仅可以安全获利，而且可以逐渐控制中国的房价，从而随时能在体量如此之大的住宅市场分一杯羹。

我们现在还不知道，美元近五年来究竟购买了中国多少住宅资产，只知道仅仅一个金地集团就购买了价值100亿美元的房地产信托产品，并且这些信托产品都有外资背景，不仅有如此之高的年化收益率，更重要的是为将来出逃作好了准备。

那么，我们现在需要的是观察美元指数何时走强，当美元回流之际，就是中国高房价崩溃之时。

附录：中国公民如何投资美元指数

一、参考美国排名靠前的主要证券交易商：

* Fidelity 富达理财

* Interactive Brokers（IB）盈透证券

* TD Ameritrade

* E*Trade

* Charles Schwab 嘉信理财

* Scot trade 史考特证券

二、通过网上开户

开通一个美股证券账户，一般需要填写两份表格、准备两份材料：

1. 开户申请表格（由券商提供，请选择一家券商并去它的网站下载对应的开户申请表）。

2. 身份证明文件：个人有效身份证或护照均可。

3. 地址证明文件：最近三个月内的载有申请人名称和地址的单据之一，例如信用卡月结单、手机/电话月结单、水费单或电费单、物业管理费单等。

填好以上表格并准备好相关资料之后，先需要传真或扫描到券商指定的开户号码或邮箱，审核通过之后，再将原件邮寄到中国香港或美国（按照不同券商的指定地址邮寄），券商复核无误之后就会和您联系，开通您的美股证券账户。

4. 账户类别：现金账户（Cash Account）—— 只能用自有资金炒股，不能做融资炒股。融资账户（Margin Account）—— 可以做融资炒股，日内交易，期权投资。

5. 纳税：中国人炒美股，资本利得不用缴美国税，股息收益要交10%的税，券商代扣。开户时须填写W-8Ben表，说明你的外国人身份。

三、存入资金的方法

1. 如果您在海外有银行账号，那么可以将资金从这个账号转到证券账户上。如果您没有海外银行账户，您需要跟券商联系解决转款的问题。

2. 如果您需要将境内的人民币用来购买美股，那么您需要到银行购买外汇。购买外汇是有额度限制的，每个人每年限购5万美元。将人民币现金换成外汇以后，您就可以把外汇转到海外银行账户上，大多数网上银行系统都提供境外汇款功能，每单收费一般都在100元以下，通常几小时就能到账。在这个过程中，需要遵守国家的外汇管理制度。

第二篇

生产，宏观经济的基石；消费，经济繁荣的动力

生产和消费影响我们的策略

宏观经济的奠基之作——亚当·斯密的《国富论》，之所以地位尊崇，是因为它向人类讲述了生产和消费之间的关系。这种关系有它自己独特的规律，而规律是不可违背的。马克思之所以对《国富论》推崇备至，就在于亚当·斯密追求的是真理。

任何国家宏观经济结构的垮塌，都在于不尊重这种规律，扭曲了所有的经济形态。对于我们而言，我们不是不懂常识，而是被欲望之火焚烧了理性，以致经济领域的管理不够严谨、不合法治，甚至充满不道德的暗流，不择手段地搞钱，这实在是对经济发展的破坏。

所以，我们必须正视这些问题，才能解决资本市场最后的症结。

在中国宏观经济数据中，只有一个数据不会骗人，那就是全社会用电量。哪怕企业和工厂的机器在空转，但是，只要机器在转就会用电，因此，判断生产是否正常，主要看用电量是否在按照常规量增长。如果全社会用电量在持续下降，说明生产景气度越来越低，投资制造业股票就要十分注意。

全球各国在经济增长过程中都非常关注另一个数据，那就是社会就业情况。美国劳工部每周定期发布就业数据，哪怕数据只显示了一些细微的变化，都将在资本市场的许多方面产生影响，甚至影响到全球外汇市场，影响美元指数的涨跌。而在中国，就业群体的积极性处于不高的状态，我们所关注的恰恰是最低端的就业形态。

中国社会就业群体中所占最大的比重，不是央企和上市公司，恰恰是中小企业。中小企业是经济的细胞，细胞坏死，影响的是机体的生命，这是一个简单的道理。有关数据的测定表明，在长三角和珠三角地区，中小企业中，社会就业的比重要占85%，内地省份约占65%。经济发达的地方，必然是中小企业星罗棋布的地方。现在，没什么人愿意做中小企业了。何故？

第一，房价和地价推动生产成本和生活成本全面上涨。

企业靠什么生存？靠利润。没有利润，企业就活不了。中国的中小企业，曾经的辉煌来源于廉价的土地和廉价的劳动力，这两点已经不复存在，不仅如此，税负加重，大众生活成本翻了一倍，而国际市场的订单价格仍然停留在十年前的水平，中国企业已经接不到订单。这样大量的出口就转向印度、巴西和俄罗斯，出口减速势在必然。

第二，融资渠道大量掐死中小企业。

遍布江浙两省的高利贷链条已经到了崩溃的边缘。

大量的中小企业主陷进了高利贷的“万人坑”。许多中小企业主找我诉说，一些高利贷中介人成为银行贷款权的寻租经纪人，贷500万实际使用只有260万，在还款日到期后要还款500万。这不是赌博吗？最后的结局是，如果借贷人还不起款，将银行贷款顺延；如果银行不给顺延，就将拍卖抵押物品。

资金的嗜血本质暴露无遗。长此以往，社会大动荡就要开始。

很多人支持高利贷，说它是利率的市场化反映。但是，我对此持反对态度。道理很简单，中国的法制很不完善，有关资金市场的机制也没有建立好，加上掌管资金的机构腐败，背后又有黑社会撑腰，一旦中小企业主借上高利贷，就排除不了被逼得家破人亡的风险。

现实是，如果不借高利贷，中小企业就没有其他的融资渠道，只要银行不给贷款，就没有资金来源。银行方面从另一个角度有过解释：如果对中小企业放开贷款，它们就会用贷款去炒楼，这是自然而然的事。因为，只有贷款炒楼，才能发挥杠杆效应，将利益发挥到极致。因此，银行无法对中小企业提供贷款。

说到底，都是房地产的金融化害了中小企业。

第三，最后会导致什么结果？

表面看上去，市场剧烈洗牌，中小企业会大量破产，而一旦大规模的失业潮爆发，政府有可能出台政策拯救中小企业。

而这本质上是对中国经济制度一次深刻的拷问，我们究竟做错了什么?

经济繁荣的动力只能是生产和消费，而我们却误以为是投资。全球没有任何一个国家是以投资来拉动经济增长的，美国 GDP 的构成中，就根本没有“投资”两个字。而中国的投资在 GDP 的权重居然达到 57%，这不是一件疯狂的事吗? 说轻一点，是违背了经济的规律；说重一点，简直是在破坏经济体系。中小企业大量倒闭，其实象征着整个生产要素错配和生产力急剧衰退，同时也会影响消费和就业。

第四，全社会消费力继续弱化。

通货膨胀的实质是社会财富的再分配。结果可能朝好的方面发展，那就是全员劳动力收入再提高，其增长幅度超过 CPI 涨幅，这样才有可能增强全社会的消费力。但是目前看来，这在中国简直不可能实现，其原因是全员劳动力都缺乏争取权利的机制和动力，依靠政府施舍根本不可能达到目的。

那么，另外一个结果就是，贫富分化更加严重，社会急剧动荡。

本篇将分两章分别谈谈生产和消费对资本市场和个人投资者的影响，以及我们应该选择的方向。

第3章

PMI——经济指数的天象

看《三国演义》，我们忘不了一个情节：诸葛亮每逢大事，总要夜观天象，再来考虑如何安排下一步行动，为决策提供先行依据。在正常情况下，诸事都被诸葛亮拿捏得很准。不过，他也有失算的时候，那就是火烧司马懿的时候，结果，天不灭曹，突降大雨，救了司马懿。

历史，于是重新改写。

PMI，是全球经济增长和经济景气指数的天象，值得我们在研究宏观经济和投资决策时认真观照。搞得好，一个正确的决策，就将改写我们的人生。

那么，PMI 为什么有这么大的魅力呢？

让我们先来看看什么是 PMI？

PMI（采购经理人指数）是 Purchasing Manager's Index 的英文简写。它是一个综合指数，按照国际上通用的做法，由五个扩散指数即新订单指数（简称订单）、生产指数（简称生产）、从业人员指数（简称雇员）、供应商配送时间指数（简称配送）、主要原材料库存指数（简称存货）加权而成。

依据亚当·斯密的理论，一切经济的基础就是生产和消费。PMI 就是全面诠释有关生产的理论，并且，依据这种理论建立起来的数据模型研判经济趋势。

PMI 计算过程是非常复杂的。作为普通投资人，我们大可不必去了解计算过程，因为美国人有一整套细致缜密完善的计算方法和一大批精兵强将，在实时监测这些数据的权重的变化，找到最科学的统计方法，值得放心。

PMI 指数计算公式如下：PMI= 订单 ×30% ＋生产 ×25% ＋雇员 ×20% ＋配送 ×15% ＋存货 ×10%。采购经理人指数是以百分比来表示的，常以 50% 作为经济强弱的分界点：即当指数高于 50% 时，被解释为经济扩张的讯号。当指数低于 50%，尤其是非常接近 40% 时，则有经济萧条的忧虑。它是领先指标中一项非常重要的附属指标。

导读：用PMI分辨财富的流向

这是我们必须时时记住的。50%，就像我们记住 CPI 5% 一样，是一个数据模型的警戒线。对美国经济来说，只要在 50% 上方运行，就是一个很好的信号。高于这个数值，美元指数就将走强。

公布这个数据时，同时发布的还有非农就业人口数据，有的时候还将公布房屋指数。前者，也就是非农人口数据在 PMI 中权重较大，要格外关注。后者，房屋指数也是美国消费者指数一个权重较大的数据，对判断美元是否走强，有时也起非常重要的作用。

除了对整体指数的关注外，采购经理人指数中的支付物价指数及收取物价指数也被视为物价指标的一种，而其中的就业指数更常被用来预测失业率及非农业就业人口的表现。采购经理指数是通过对采购经理的月度调查统计汇总、编制而成的指数，反映了经济的变化趋势，是经济监测的先行指标。

根据美国专家的分析，PMI 指数与 GDP 具有高度相关性，且 PMI 指数的转折点往往领先于 GDP 几个月。

亚当·斯密在《国富论》中指出：一国国民每年的劳动，就是他们每年所消费的生活必需品以及便利品原始基金的源泉；这些消费的生活必需品以及便利品就是这种劳动的直接产物，或者是用这种直接产物从其他国家交换而来的产品。

由此，我们知道，生产、消费是支撑经济大厦的两根最重要的顶梁柱，任何一方垮塌，整个大厦都将摇摇欲坠。而判断生产是否垮塌的先兆，就是 PMI 数据的变化。研究通这个规律，不仅仅能让我们遥知经济的天象，也能让我们分辨出财富的流向。

那么，我们将如何来看待 PMI 的运行呢？

第一节
PMI：经济晴雨表

新订单的未来商机

新订单指数是生产景气度的预期。常识中说：天上出现鲤鱼斑，明天晒谷不用翻。意思是，在夜观天象时，看见皎皎月色中，出现鲤鱼斑一样的云彩，明天一定是个好天气。新订单指数，就是工业生产的“鲤鱼斑”，可以观照未来半年甚至一年的生产景象。

从技术层面来分析，新订单指数预示着生产的未来。

遵从亚当·斯密的经济学思想，生产，是支撑整个经济良性运行的最强劲的动力。生产指数的变化，是一切财富流向最先行的指标。从事外汇投资、美元指数投资、美国股市投资和全球各国股票投资、基金和债券投资、一切期货投资等等，都应了解和关注 PMI 指数的变化。

我们先来看看新订单指数。宏观经济数据的解读，有时是十分枯燥的，我想，这不影响我们在这一章节进行一次完整的讲解。

新订单指数在 PMI 指数中权重最大，占 30%。可想而知，在整个经济生活中，新订单预示未来生产的状态，直接决定生产的景气度。新订单指数的牛熊分界线，同样以 50% 为界，超过 50%，表明生产景气度较高，未来预期较好；反之，生产将步入萧条，如果连续三个月低于 50%，作为宏观经济的决策部门就应该开始拯救经济，刺激消费。

2010 年 6 月 6 日，我在第 12 届中国风险投资论坛发表演讲时，预测未来五到十年全球经济走势时说，从货币属性来说，未来五到十年，以人民币计价的商品还有长足的发展空间和市场潜力，以美元计价的商品，成长性还有待观察，考验美联储未来货币政策的变化。

这个观点源于当时新订单指数的比较，当时，美国的新订单指数为49%，而中国的新订单指数为62%。

考察新订单主要用于对宏观经济分析与判断上，不用于对个盘的操作上。对中国A股来说，主要用于对大盘走势的分析和板块的资金流入上，不便用在个股的操作上。

不过，在研究产业经济时，多关注新订单指数，会对产业经济形成比较全面的认识，以便及时传导到资本市场上。新订单指数好转，往往是制造业股票启动的时机；新订单指数下降，意味着制造业股票走弱。

在现代全球经济的产业链上，一环扣一环，环环相扣。中国的产业在这根链条上，尽管处在最低端，但是，中国人天生聪明，复制能力全球最强。经过将近20年全球经济一体化的考验，很多较为尖端的产品已经完整复制过来，他们已经不甘于以低端产业链的形象昭示于人，于是，将这些产品制造出来，向中国内陆市场拓展。所以，新订单指数超高。

巴西、印度、俄罗斯等新经济体国家的复制能力，远远落后于中国人，只得向第三产业拓展，因为人力资源相对廉价，也有长足的发展空间。

看生产指数要参考用电量

生产指数在PMI的权重占25%，仅次于新订单，也是举足轻重的。观察生产指数，美国的PMI指数每一项权重尽管不同，但数据统计却一样严密，差错率很小。但是，对中国的生产指数，不能过分依赖。我本人在观察生产指数的异动时，同时会参考社会用电量。

在中国能源局网站，每月都会公布全社会用电量，其中，一定要看看第二产业用电量的变数，因为它直接反映生产的景气度。如果第二产业社会用电量下降，说明生产开工量不足；反之，则说明生产能力在扩大，经济景气度就高；如果变动不大，则说明生产一切正常。社会用电量这个数据是最不能骗人的数据，也是人为所不能操控的。用这个数据参考 PMI 的生产指数来判断生产景气度，是比较客观也是比较理性的。尤其是准备投资实业的朋友，要时常关注这个数据。

2011 年 5 月，正是中国宏观调控进入敏感期的时候，一些中小企业资金出现问题，融资难度在加大，有的经济学家为此发出呼吁，要求放松货币紧缩政策。其实，中国货币太多，很多中小企业在银行拿到贷款，就拿去炒楼，放松贷款，很可能使楼市调控功亏一篑。但是，如果大量中小企业倒闭，也不利于社会就业，正确认识这个问题就变得非常重要。于是，我开始有针对性地进行研究，并发表博客说出我的看法：

网上和央视又在谈珠三角、长三角中小企业出现倒闭潮的话题，还有一个什么机构找了几个会长谈这谈那，扮出一副为中小企业请命状，他们真是在为中小企业请命吗？否也，他们最后的矛头直指宏观调控的货币政策。

无疑，这一轮，经过四次加息和六次上调存款准备金率，人民币变得越来越贵，过去廉价资金的时代正在成为背影，未来能够坚持多久，我们不知道。但是，显然，短期趋势不会改变，加息还将继续，存款准备金率还将提高，任何干预和影响货币政策的一切努力，终将徒劳。下一次加息，就是第五次加息，全国房价将在第五次加息后的第三个月，逐步走进下降通道。阻挠货币政策向前推进，肯定失败。

我们首先从宏观经济数据来看中小企业。分经济类型看，2011 年 4 月份，国有及国有控股企业增长 17.6%，集体企业增长 12.0%，股份制企业增长 19.1%，外商及港澳台投资企业增长 16.8%。分轻工业和重工业看，2011 年 4 月份，重工业增长 19.4%，轻工业增长 14.1%。这里的轻工业大多为中小企业，由于重工业的比值在 2006 年以来一向高于轻工业，最高年份高于 9%，而 2011 年仅高于 5.4%，表明中国的内需比例在上升，是一件好事，未来的轻工业比值要高于重工业。这是趋势。

再来看，2011 年 4 月份，工业企业产品销售率为 98.4%，比上年同月提高 0.6%。工业企业实现出口交货值 7183.7 亿元，同比增长 27.5%。读得懂这个数据的，就应该知道，不仅仅是轻工业，而是整个工业产品销售率 98.4%。是什么意思？是整个工业产品产销两旺。这种数据能说明中小企业倒闭潮？这不是胡扯吗？

可能有的网友会质疑国家统计局的数据，我也一直在质疑、辨别许多数据的真伪，但是有一个数据是不会出错的，那就是我在前面提到过的全社会用电量，这个数据是天天更新的，全电子数据，容不得一点差错。2011 年 1～4 月，全社会用电量累计 14675 亿千瓦时，同比增长 12.4%。分类看，第一产业用电量 279 亿千瓦时，增长 3.2%；第二产业用电量 10895 亿千瓦时，增长 12.1%；第三产业用电量 1615 亿千瓦时，增长 15.0%；城乡居民生活用电量 1886 亿千瓦时，增长 13.2%。这里的第三产业主要是指中小企业，用电量增长 15%，能说中小企业出现了倒闭潮吗？

中小企业天天都有开张和关闭，这是一种常态，绝对谈不上“潮”。

不错，我们的中小企业面临很多问题。就 2011 年来讲，首要问题是在于出口型企业，面临人民币升值的挑战，而这和国内的货币政策无关。

2011年人民币升值步伐加快，累计已经升值1.9%左右，对有些企业的利润产生了不利影响，对此国家应该采取减税的政策予以扶助，与货币政策无关。

其次，我们要拉动内需，不仅要坚决遏制通胀，而且要想尽一切办法解决资产泡沫问题。现在，三、四线城市和很多小县城都在大拆迁，其后果将和一、二线城市不一样。因为一、二线城市将来能够解决空置住宅问题，此外还有一个出路，那就是把空置住宅逼出来用于平抑租金价格，而三、四线城市和很多普通县城的空置楼房，租都租不出去，大量的烂尾楼将要遍布全国，会造成无法收拾的局面。

其三，国家要制定新的金融政策，扶持中小企业。应该说，中国的征信系统正在逐步完善，在恢复人民币正利率后，信贷资金主要用于国内内需，对地方政府的融资平台不能放任，该压缩的项目要坚决压缩，不留后患。但是，我们也一定要记住，资本市场有资本市场的内在规律，要设法鼓励高科技产业有真正成长型产业的公司上市，而不是把扑克牌、美发、足浴都拿去上市，这不是很荒唐吗？

一个星期天，我去考察一家上市公司。

我和这家公司谈了两个观点，未来五到十年，中国经济从两个方面来看，有极大的成长性，一是从货币属性看，以人民币计价的产品还有很好的成长性，以美元计价的产品会出现萎缩；二是从产业的属性来讲，第三产业的比重会逐年提高，现在占比40%，将来会提高到65%。而这家公司的朋友告诉我，除了军火，他们生产一切能拉动消费的产品。

这家公司的老板说，不管别人会不会移民，我永远不会移民。

做中国A股投资的朋友，要想准确关注产业资本的流向，应该先研究这些数据，再来确定自己的投资方向。如果第二产业的用电量发生连续三月超量增加的现象，那么，可以预见中国的制造业股票将会暴涨。在资金流向稀土的时候，稀土的股票可以翻倍；在资金流向煤炭的时候，煤炭股票可以翻倍；在资金流向医疗的时候，同样，医药板块的股票会猛涨。不过，我认为，有色金属板块中，锗锌锑钒钛还有空间。煤炭，作为能源的补充，在原油价格上涨时，尚有一波行情。作为制造业，家用日用品之类的上市公司，还有几年的好时光。

雇员指数，就业是民生之本

雇员指数占 PMI 权重为 20%，充分体现对劳动力价值的尊重。在美国有两大部门专门统计社会就业率，一个是政府部门，有劳工部定期发布非农人口的就业数据，一般每周都会发布一次，每一次发布数据，都会对美元指数和美股走势产生作用；还有一个数据来自民间，就是 PMI 指数公司，每月发布一次数据，对短期资本市场产生影响。

在中国，PMI 是官方在每月一次的宏观经济数据发布日，随同宏观经济数据一同发布的，照例有统计局新闻发言人进行解读。中国的劳动和社会保障部，每年会公布社会失业率，这个数据经常与国家统计局的数据打架，谁也不知道谁的数据准确。

美国 PMI 指数中的雇员指数，统计非常精确。最早建构这种数据模型时，考虑了就业、薪水和平均年龄，统计起来非常复杂。因为如果仅仅只是公布就业情况，就会和美国劳工部的统计数据重合，数据也会产生冲突，也就会影响 PMI 数据的科学性和权威性，后来几经交涉，美国劳工部只发布非农就业数据，PMI发布就业率、薪水数据，年龄就不计入指数统计之列。因为统计年龄涉及两个问题，一个是人口老龄化的问题，一个是刘易斯拐点开始盛行，不加区分地全盘统计，恐怕会失去PMI应有的严谨。

所以，我们观察雇员指数时，一定要结合劳工部的非农就业数据，一同来判定。这个数据可以判定当天美元指数和美股的走势。当期值、预测值和前值，如果当期值高于预测值和前值，当天的美元指数如果没有债务危机之类的重大的利空，那么，当天的美元指数会走强，美股会大涨；反之，美元指数会走弱，美股会下跌。

而在观察中国雇员指数时，应该多关注珠三角、长三角一带的中小企业生产情况。

我们关注雇员指数，是因为这个数据是所有经济数据中最敏感的数据，一旦失业人员比例上升，所有的经济增长数据都将成为虚幻。

2008年次贷危机爆发时，中国失业人数从珠三角、长三角向内地蔓延，中国雇员指数跌入低谷，我们马上感觉到，这一次，不仅经济上要出大问题，社会也要开始动荡，采取什么措施也无法遏制。当东莞市每月100多万农民工返乡，并且这样的返乡现象持续长达半年时，我们就有些心惊胆战。这些农民工本来就缺少保障，危机一来，这么大量的失业，将会给社会带来什么？我已经从心里感到，经济将发生巨变。

随后发生了4万亿刺激经济计划。这个计划出台的内幕尽管鲜为人知，但是可以确定的是，农民工大量失业是原因之一。

多种因素使得中国重新启动了一轮以投资拉动经济增长的刺激政策，导致恶性通胀的大爆发。其实，当时我们在发现雇员指数大幅下挫时，就应该提出这个问题，找出应对的方法和措施，就不至于让中国经济陷入一轮恶性循环之中。

配送指数反映当下经济景气度

配送，也就是我们现在所讲的物流。配送指数，在 PMI 指数中的权重占 15%，这一点在现在来看，我们会发现美国人是非常超前的。因为多年以前在配送指数统计实施调查之初，美国的物流业不仅不发达，也不规范，统计起来非常麻烦。但是，美国人当时就认为，未来的物流业成长空间巨大，是所有工业生产的一个重要的不可或缺的组成部分，权重不可太低。

配送指数决定企业的生产速度。如果说新订单指数反映未来的预期，那么，配送指数则反映当下的生产状态。如果配送指数处在牛熊分界线下方，那么，表示库存压力加大，就要采取营销手段或者降价手段，加快去库存化，反映在整个经济层面，则有可能是产能过剩；如果配送指数在牛熊分界线上方运行，则表示产品市场旺销，生产状态良好。

配送指数对宏观经济决策层面和企业战略上也产生巨大影响。

现在来看，物流业无论是在美国，还是在刚刚兴起的中国，都一片繁荣，未来的空间巨大。中国物流业在 2010 年突破 2000 亿，预期 2011 年将要突破 4000 亿元。中国政府把物流业纳入十大支柱产业加以扶持，并列入十二五新兴产业规划当中。所以，配送，在 PMI 指数中的重要性也是当仁不让的。

在中国资本市场上，配送指数常常作为股市上物联网板块是否启动的信号，并影响航空、港口等相关板块的走势。在外汇市场上，配送指数对非美货币的影响也非常大，因为全球经济大循环中，物流业是制胜之策，是进出口贸易的命脉。

在物流业的牛熊分界线上，我们要观察的是中长期的走势。

配送尽管在PMI中的权重位居第四，实际上在中国，配送对PMI指数贡献较大，尤其是2010年以来，贡献指数常常在15%之上，经济景气度一目了然。物流，包括仓储、货柜、航空和火车、汽车等各种运输工具，在全球经济一体化的今天，已经变得越来越重要了。对资本市场来讲，配送指数的高居不下，表明经济景气度很高，如果有一天，配送指数突然掉头朝下，那一定是全球经济陷入了衰退。

作为投资人，要十分敏感地选择新的投资品种和新的投资方向。

依据存货数据判断大势，我有过成功的范例

存货指数，在PMI指数当中所占权重最少，只有10%，但是，正是这个数据，是这五个指数当中，最为敏感的。

依据存货数据判断大势，我也有过成功的范例。

那是在2008年的房价打赌中，当年的5月23日，徐教授在博鳌房地产论坛向记者公开谈论这件事，一下激发了全国媒体包括境外许多媒体的关注，让我当时就感到压力很大。说实话，当时深圳虽然有许多个楼盘在打折销售，万科、中海、金地等许多大开发商有的楼盘直接降价30%，引发了退房潮。但是，这不能表明深圳房价整体下降，而且，我们赌的是2008年7月11日那一天，谁知道那一天会出什么事？如果有开发商卖两套豪宅，那天的价格很可能就是上涨，那就是我输；如果，没有开发商在那天卖豪宅，那就可能是徐教授输。怎么办？

所以，我就开始调查深圳、北京和上海的商品房库存。这一调查问题

出来了。从深圳来看，一般新房存量每天在2～3万套之间，库存低于2万套，房价就要上涨；高于3万套，房价就要下降。那个时候，房价是受市场供求关系的影响，很多开发商都遇到了资金链的问题，那么，库存多少就是一个很大的制约房价的因素。

当我了解到深圳新房存量突破5万套时，我才感到一丝安慰，因为降价趋势已经能够基本确立。而且，在北京和上海也一样，北京供求关系的平衡点是存量10万套，上海供求关系平衡点是存量13万套，而北京的期房存量突破12万套，上海现房存量突破16万套，全面突破下降的平衡点已经进入下降的通道。所以，我才决定回应徐教授。即使当时我不回应，媒体也不会答应。

库存，当时成了房价的决定性因素。

PMI存货指数，也是受市场供求关系的影响，对经济的基本面产生影响，并对商品价格产生作用。存货指数降低，表示市场供不应求，生产景气度上升；存货指数提高，表示市场供过于求，商品价格要下降，产能可能出现过剩，经济基本面要发生变化。

以上所述，是PMI五大构成和主要权重，是衡量全球经济景气的指数，是全球经济的晴雨表。

第二节 美国的PMI很靠谱

PMI帮助美元确定全球经济基本构架

美国是一个奇妙的国度，它制定了以WTO准入条件为全球贸易的基本准则，以国际货币基金组织的规则为货币币值的最后认定标准，以世界银行作为援助全球落后国家发展经济的载体，确立了全球经济的基本构架。

200多年前，当华盛顿毅然不再竞选第三任总统时，这个国家就奠定了经济腾飞的战略基础，只等凭空跃起了。这一切，从一个一个宏观经济的数据模型陆续建立和启用，就体现出了不凡。早在20世纪30年代，美国就开始了PMI的调查。1948年以后，美国供应管理协会就开始每月发布调查数据和基于调查的商务报告。

PMI体系的建立经历了一个不断完善的过程。一个数据模型的建立，是一项巨大的系统工程，经过艰难和反复，才取得成功。然而，在整个市场体系运转中，每一个数据模型对人类的贡献都是巨大的。而全球国家通用的几大数据模型，包括GDP、CPI、PPI等数据模型，大多发源自美国。同样，PMI体系也发端于美国。最初，美国人选取了产量、新订单、库存、雇员和产品价格五个指标，直到1971年才加入供应商配送指标，1988年、1989年、1993年又依次加入了新出口订单、进口和积压订单三个指标，后来美国制造业PMI指标又加上了消费库存指标。直到那时，美国的PMI体系才完整定型。

现在，PMI已经不属于美国独有，基本上全球所有加入了WTO的国家，都有了自己的PMI，尽管基本模型都属于复制而来，基于具体情况，每个国家的各项权重还是有所区别的，但是大体与美国相仿。在WTO的框架下，PMI体系的重要参照价值不可忽略，正在成为全球经济界的共识。

对于我来说，我的很多对于经济趋势的判断，基本来自美国的PMI指数。

根据趋势判断，美国道琼斯指数在PMI指数突破58时，会创出新历史新高。现在美国的PMI指数是55，道琼斯指数是12 500点，离历史新高还有2200点之遥。

美国PMI：经济趋势分析的法宝

我们现在看见美国的PMI，也就是目前全球统一的模板。

由于美国PMI历史数据极为丰富，大量学者、专家对PMI进行了深入的研究，在PMI对经济走势体现预测的地方，都有独到的特点和功效而广受欢迎。很多专家对PMI与经济周期的转折点进行了研究，发现PMI指标领先于经济周期的高峰与低谷数个月；一些研究者对国家总体经济指标GDP与GNP的关系作了相关分析，认为二者之间存在高度的正相关系；还有研究者对PMI与国家其他指标如工业品价格指数、库存指数等作了相关研究。这些研究，不仅仅只是对宏观经济学的贡献，也对投资理财提供了可资借鉴的科学分析。

2009年，我们在判断美元指数见底时，主要使用的工具就是PMI指数。

2009年8月31日，美国8月制造业PMI指数从7月的55.5回升，达到56.3，超过市场预期的52.8。当时，次贷危机的影响远未驱散，市场对美元的前途深感忧虑，欧元飙升，美元一直走弱。但是，资本市场都有这样的规律，久跌必涨，久盘必跌。当时的美元，从93点一直单边下跌，跌到71点，盘整了3个交易日。底在哪里？可以说，当时是谁先期判断出美元的底部，谁就抢占了先机，财富自然就流向谁的怀里。

我们认为，根据PMI指数分析，即使单纯分析该指数的变化，传递的信息也非完全正面，部分指标亦值得担忧：从当期生产来看，生产指数为59.9，高于上月的57，反映出近阶段美国制造业生产活动仍较为景气。价格指数上升至61.5，这或可减缓近期美国陷入通货紧缩的压力，对企业生产活动有利。但是，未来生产情况则未必乐观。新订单从上月的53.5滑落到53.1，库存则从50.2上升到51.4，整体的新订单库存与近几个月相比下行趋势明显。

未来美元还会走弱吗？细微处，我们找到美元在2008年7月曾经探至最低70.73点的记录，但仅仅只是撑住一天，就被拉起在72点上方。而现在，美国经济还没有复苏，美元指数一直在75点上下方徘徊，也就是说，不仅仅我们，市场也在考验美元的支撑点，那么，未来美国经济最大的动力在哪里？

2010年，我们当时看外需，随着新兴市场工业生产减缓、经济增速的回落，中国8月PMI进口订单大幅回落到48.4，而中国是美国最大的贸易伙伴之一，中国订单量大幅回落，意味着未来美国制造业增长动力放缓的现实难以避免。这样一来，我们发现，市场其实在考验我们对中国经济局势的判断，因为中国经济的复苏有助于美元走强。但是，因为美元指数并没有人民币的权重，所以，我们在判断美元指数走势的过程中，一直缺乏对中国经济对全球影响的研究，更缺乏对资本市场的技术性分析。这一点，成为我们判断美元是否见底的最大障碍。

苦恼就在这里。

从美国进口订单指标来看，该指标上行到56.5，与中国出口增速联系紧密。因此，短期内尚未观察到中国出口将大幅下降的证据，但2009年4季度、2010年上半年，随着欧、美经济放缓加剧，中国出口回落的趋势不可避免。如果这个判断成立，很难判断出美元是否见底。回过头来，我们来研究中国经济，一个天大的秘密就此揭开。那就是，中国政府的4万亿刺激经济计划正在发酵，最大的受益人，不是中国，而是美国。

从2009年上半年开始，中国政府开始恢复出口企业的生产，为解决农民工失业问题，地方政府在中央的授意下，开始给所有的出口企业进行财政补贴和货币注水，发放了大量贷款。所有工厂的开工是强制性的。这种现象用西方经济学的观点来分析，是看不懂的。我们研究后认为，我国不遗余力扩大出口，为的是政治利益，而不是经济利益。从货币角度来看，这种方式是在用人民币购买美元，只不过是通过外贸的方式购买美元。如果在本次刺激经济计划中，有1万亿人民币用于出口，就基本相当于我国购买了6880亿美元。大的趋势就是，美元指数见底，美元将有可能攀上86点。

从这一刻起，我们做多美元。

尽管当日，市场忽略了美国建筑开支环比折合年率下滑1%和ADP就业减少1万人的事实，远低于市场预期的负面数据，而且，我们认为房地产市场低迷、就业的困境足以令美国经济承压，但是，因为有中国的4万亿救市，按中国出口占GDP比重的28%来算，应该有1.12万亿用于出口。做多美元，因为中国救美。

整个过程大抵如此。我们成功运用PMI指数结合对全球宏观经济的研究，探明美元底部，在这一轮美元的上攻的升势中大胆做多。

天机不可泄露。而在这一轮美元的升势中，美元意外地向欧元发动了第二次攻击，一直将欧元从 1.56 逼至 1.26 上方。

做美股时，美国的 PMI 也是一个值得认真研究的数据。

做道琼斯股票的投资人，PMI 指数也是必须要研究的。所有制造业的上市公司，都与 PMI 相关。PMI 指数的一个细微变动，就可能影响股价的涨跌，甚至影响到大盘的起伏。一定要把握商机，因为商机转瞬即逝，商机就是财富。

第三节
中国的 PMI 只可作参考数据

中国的 PMI 有两大弱点

相对于美国的 PMI 来讲，中国的 PMI 指数要年轻得多。因为考虑到本书是写给广大宏观经济学爱好者和投资人士看的，所以，我将详细解读中国的 PMI 指数，告诉大家如何用这种数据模型作为投资工具，作为武器，展开对资本市场的全面攻击。

我们先来看看中国的 PMI。

中国的 PMI 是由政府来建立数据模型的，相对于美国来讲，我们的数据模型有两大弱点。一大弱点是，调查采样的行业缺乏，中国 PMI 调查是根据标准工业分类，将所有制造业合并为 20 个工业行业，按照每个行业对国内生产总值的贡献来确定样本数，再根据地域的代表性选出被调查企业。而美国的调查采样是来自海量的行业数据，会员单位多达 15.8 万，数据的精确度和科学性，中美相较，完全是两回事。

还有一大弱点是，中国的 PMI 商务调查是在对 727 个公司的采购经理月度调查的基础上形成的，每个月的调查通过对采购和供应问题的回答汇编而成。很多方法和数据可以复制，但是，对 PMI 的敬畏之心是无法复制的。我们建立这种数据模型，可以复制美国的 PMI 模式，但是，其数据的规模、精确度、科学性和全局性是无法从区区 727 个公司的数据中体现出来的，可以说，我们中国这么大的经济体，727 个公司的数据不足以反映全局。所以，中国的 PMI 不足以为我们经济战略提供全局性数据支持。这是中国 PMI 的缺失。

其他方面，中国的 PMI 完全复制美国，整个指数体系共包括 11 个指数：新订单、生产、就业、供应商配送、存货、新出口订单、采购、产成品库存、购进价格、进口、积压订单。在调查结果上，以百分数的形式来表示。

在计算过程上，中国采取的是粗放型方式。在数字时代，计算机提供整套系统性计算技术，我们完全可以把数据做到精确、精确、再精确，而我国在 PMI 数据的统计上却不肯做大的投入，精确度远远不够。我们只是根据被抽样调查的企业的采购经理对每个调查问题的回答（本月与上月的比较），分别计算回答“上升”、“持平”或“下降”的采购经理所占比重；然后，将“上升”的比重赋值为 1，将“持平”比重赋值为 0.5，“下降”的比重赋值为 0，对几项数据进行汇总后得到各个问题扩散指数。数据来源不够多也不够精准，让这么好的一个数据难以发挥应有的效应。

所以，我们一向是用很审慎的态度对待官方发布的 PMI 数据，仅仅将其当做参考即可，不可全信。我国 PMI 数据主要表达官方意图，特别是在宏观经济要推出重大政策的时候。因此，我们的 PMI 适合作为参考数据。

在写作本书的时候，正是 2011 年 4 月宏观经济数据出台的时候。我们依据 PMI 数据，作出了我们 2011 年下半年的投资规划。

2011 年 4 月，中国 PMI 数据一发布，众多财经评论界人士齐声对未来预期大唱赞歌，而我们几个学者坚持认为，中国宏观经济拐点出现了。因为 2011 年 4 月份，中国 PMI 没有延续 3 月份的反弹走势，转而向下，为 52.9%，较上月下降 0.5%。尽管 PMI 还在 50% 的牛熊生死线上方运行，但是，这种运行态势正在掉头朝下，周期性特征明显。

所谓周期性特征，是指经济运行的规律，体现在繁荣、衰退、调整、复苏等不同的态势，中国经济的周期性特征步入衰退。目前出现的是衰退性特征。

2011年以来中国PMI在50%以上窄幅振荡，表明中国制造业是整体平稳扩张的趋势。2011年4月份规模以上工业增加值同比增速13.4%，比上月低1.4%，工业生产增速回落。虽然工业生产保持着相对平稳的走势，但是能源、基础原材料价格的上涨对工业生产的负面影响逐渐显现。煤电价格持续上涨导致煤电价格倒挂严重，加上南方大旱导致水电供给不足，进一步加剧了火电的供求矛盾，湖南、江西等地提前出现了拉闸限电的现象，电力供应紧张将影响到工业生产的增长。综合各方面因素来看，近期，工业增加值的增长速度有可能放缓，不过仍处于“绿灯区”这一正常运行区间。

中国经济三驾马车速度放缓

从总需求来说，中国宏观经济的增长呈放缓趋势，尽管中国的投资、消费、出口三大需求还在支撑着经济高速发展，但是，除了投资，其他需求的增幅正在收窄，表明经济总体态势正在衰退。

我们先来看看投资。

中国的投资完全依赖于货币发行，民间投资呆滞，短线特征明显。从数据上看，自2010年4月以来，固定资产投资新开工项目数一直处于减少状态，2010年4月份，该指标为87298个，同比减少12084个，新开工项目计划总投资53389亿元，同比下降1.1%。

最严酷的现实是，虽然固定资产投资增速有所提升，但其下行的风险较大：一方面，在货币供应趋紧的环境下，企业进行投资所需资金的筹集难度以及筹集成本不断增大；另一方面，固定资产投资的新开工项目数自 2010 年 4 月份以来持续减少。因此，我们认为，固定资产投资的增速放缓的可能性较大，不过仍会处于“绿灯区”偏暖位置。保持投资增长的仍然是政府低效能的“铁公基”项目。它们只会给政府增加庞大的债务，积累风险；继续加大投资，风险就会爆发，这对宏观经济的影响将是致命的。

我们再看看消费。

2011 年 4 月份社会消费品零售总额为 13649 亿元，同比增长 17.1%，较 3 月份回落 0.3%。消费回落，这是很不利于经济发展的，一方面通胀加剧，理论上消费应该上涨，因为价格上涨而需求无法变化;但现在的问题是，价格上涨而消费总量回落，表明中国全社会的购买力极度衰弱，绝大多数城市居民无法增加消费支出，导致很多普通百姓节衣缩食，影响整个国家的消费增长。

市场的实际情况是，能保值升值的金银珠宝仍是当前的消费热点；汽车销售增长速度有所回落，这主要是由于前两年汽车销售的井喷透支了部分大众对汽车的消费能力；家电以及家装建材的需求增长也趋于回落，这与楼市调控引起的大中城市住宅销量的萎缩有着密切的关系。

考虑到 2011 年城镇居民可支配收入增长速度有所放缓，个人所得税上调幅度不会很大，因此，我们认为，消费增长有可能减速，尽管仍将在“绿灯区”运行一段时间，如果通胀得不到遏制，全社会的购买力将进一步降低，消费的两极分化将进一步加剧，消费增长将大幅滑落，经济风险、社会风险都将加剧。

再来看看出口。

在出现两个月的逆差后，尽管 2011 年一季度有一点顺差，4 月份又出现114亿美元的顺差。4月份，中国进出口总值为2999.5亿美元，同比增长25.9%。其中,出口额为1556.9亿美元,同比增长29.9%,比上月下降5.9%；进口额为1442.6亿美元，同比增长21.8%，比上月下降5.5%；当月贸易顺差为114.3亿美元。

2011年4月份贸易顺差扩大主要是因为进口增速的显著回落。进口增速回落一方面是因为受到去年同期基数偏高的影响，另一方面是由于铁矿石、原油以及大豆等国际大宗商品价格大幅上升减弱了进口需求。随着国际大宗商品价格的回调，以及国家鼓励进口政策的陆续出台，进口需求增长可能再次加快。由于国际经济形势不可预知性因素增多，中国产品出口的未来形势将十分严峻。

那么，中国宏观经济近期有哪些问题呢？

透过PMI调查采购经理的反馈意见，以及通过对PMI指数的变化趋势、各项指数之间的联动关系分析，我们一起来讨论一下这些问题。别的经济数据模型很难具体分析具体的问题，只有PMI才能告知我们很多具体问题。中国的PMI可能不准确，但其对宏观经济大体上的判断是可信与可参考的，在具体操作投资项目时，允许产生一定的边际效应。

据国家统计局网站公布的数据显示，2011年5月，我国PMI指数为52.0%，低于上月0.9%。自2009年3月以来，该指数已连续27个月位于临界点——50%以上的扩张区间，表明中国制造业经济总体仍处于增长态势，但增速趋缓。

2011年5月，构成制造业PMI的五个分类指数均有所回落。

生产指数为54.9%，比上月回落0.4%，该指数自2009年2月以来连续28个月位于临界点以上，表明制造业生产量总体呈增长态势，但增速减缓。从行业情况看，石油加工及炼焦业、电气机械及器材制造业、烟草制品业、纺织服装鞋帽制造及皮毛羽绒制品业、有色金属冶炼及压延加工业等行业生产量环比增长较快;交通运输设备制造业、纺织业、医药制造业、化学纤维制造及橡胶塑料制品业等行业生产指数位于临界点以下，生产量比上月有所回落。

这个生产指数告诉我们，在股票市场上，石油加工及炼焦业、电气机械及器材制造业、烟草制品业、纺织服装鞋帽制造及皮毛羽绒制品业、有色金属冶炼及压延加工业未来的前景不错，这些行业都有很多不错的股票，值得关注。在资金面紧缩的情况下，挑一些股价不高、估值较低、成长性良好的股票来投资，应该有不错的市场表现。

值得重视的是新订单指数为 52.1%，比上月回落 1.7%，降至 2010 年 8 月以来的最低值。

看上去，新订单指数仍继续位于临界点以上，制造业新订单数量温和增长，国内外市场需求增势放缓。从行业情况看，与生产指数呈现正相关走势，石油加工及炼焦业、电气机械及器材制造业、纺织服装鞋帽制造及皮毛羽绒制品业、烟草制品业、饮料制造业等行业市场需求旺盛，企业新订单快速增长；纺织业、交通运输设备制造业、化学纤维制造及橡胶塑料制品业等行业连续两个月位于临界点以下，新订单数量持续回落。

2011 年 4 月份的 PMI 指数显示，出口订单指数为 51.1%，比上月微落 0.2%。

主要原材料库存指数为 49.5%，低于上月 2.5%，落至临界点以下。从行业情况看，纺织服装鞋帽制造及皮毛羽绒制品业、木材加工木竹藤棕草制品及家具制造业、农副食品加工及食品制造业、医药制造业等行业主要原材料库存呈上升态势；库存上升，价格将出现回落，市场销售将会出现问题。金属制品业、化学原料及化学制品制造业、纺织业、化学纤维制造及橡胶塑料制品业等行业的主要原材料库存环比回落；库存回落，表明市场需求旺盛，价格要上涨，未来成长性开始凸显。这也是某些化纤股票开始走强的缘故。

从业人员数量在回落，表明用工问题正在暴露。

2011 年 4 月份的 PMI 指数显示，从业人员指数为 50.9%，比上月回落 0.9%，连续三个月位于临界点以上，表明制造业对劳动力的需求略有增长，但增速放缓。从行业情况看，纺织服装鞋帽制造及皮毛羽绒制品业、电气机械及器材制造业、专用设备及仪器仪表、文化办公用机械制造业等行业企业用工量有所增长；金属制品业、纺织业等行业从业人员指数位于临界点以下，从业人员数量环比减少。

供应商配送时间指数为 49.9%，低于 3 月份 0.7%，回落至临界点附近，表明制造业供应商交货时间与 3 月份相比变化不大。

主要原材料购进价格指数为 60.3%，低于上月 5.9%，为十个月以来的单月最大降幅，但制造业主要原材料购进价格依然处于高位，企业生产成本居高不下。分行业看，医药制造业、化学原料及化学制品制造业、非金属矿物制品业、石油加工及炼焦业等行业购进价格指数仍位于 70% 以上的高位，主要原材料购进价格上涨较快；化学纤维制造及橡胶塑料制品业和纺织业的主要原材料购进价格指数降至临界点以下，购进价格有所回落。

中国 A 股有 2000 多只股票，制造业占据半壁江山。PMI 指数只针对制造业股票，其他上市公司不一定适用 PMI 指数，参考即可。

第四节
PMI 值得膜拜吗？

尽管 PMI 是宏观经济态势的先行指标，但是，不代表整个宏观经济未来的走向、趋势和发展。之所以这样提醒大家，是因为 PMI 不能涵盖所有的资本市场，不能解决商品的估值问题。在我们预判大势时，PMI 提供的是关于经济的周期性规律的命题——繁荣、衰退、调整、复苏，周而复始，万象更新。

从人类有了经济以来，就不曾有过任何一个经济体可以永远繁荣，这个世界上也不存在永动机，所谓的永远高增长，是一个伪命题。增长的时期越长，衰退的时期就会延续越久，繁荣就越会变得更加不可预期。应对危机，面对衰退，是我们这个时代全球各国都逃不脱的重任。

而 PMI 有助于我们认识目前的危机。

要想透彻地研究我们中国的情况，最重要的首先是要研究美国的 PMI，其次才是中国的 PMI。全球其他国家的 PMI 可以作为一种参考。不过，从投资理财的实践角度来说，PMI 尽管是风向标，可以帮助我们近观经济的变化，可以远看时局的发展，但一定要运用得当，才能化险为夷，出奇制胜。

例子我就不多讲了。我的经验是，针对不同的投资品种，研究不同的市场，采用不同的方法。数据，只是一种工具，能工巧匠使用这种工具时，可以做一手绝活，制造出巧夺天工的作品；而技术不熟练的人使用起来，也许只能生产出废品。

日积月累，我们才能成为超级大师。

勤劳刻苦，我们才能铸就盖世奇才。

在资本市场上，赢，靠的是对常识的充分尊重，以及从内心深处对经济规律充满敬畏，在我们按动每一个按键之前，想好了，别按错。

第4章

CPI——穿透通胀的数据迷雾

我与CPI的不解之缘，起于2007年。

那时，为了研究房价走势，必须要了解居民消费能力，看看房价与城市居民收入水平究竟是一个什么样的关系，看看我们现在城乡居民的消费状态究竟处在一个什么样的水平，要搞清楚全社会购买力究竟如何。

这么一捣鼓，就发现中国宏观经济数据模型的建立和运行，不仅缺乏内在的缜密和逻辑，也不符合一个大型经济体需要的宏伟架构和科学合理的布局，而只是对美国CPI的简单克隆。随着中国经济的不断发展和社会矛盾的日益错综复杂，将来，这个数据有可能导致许多经济界人士和投资理财的居民对经济形势产生严重误判。

在日积月累之中，我养成了每月在CPI数据发布前，自己先按照一种逻辑推测CPI涨幅的习惯，而且，每测必准。2011年国家统计局修改了CPI的权重，降低了其他权重，提高了居住类权重，但是，统计局每月的数据要衔接以前的数据，这样就必然会在数据上搞平衡。

于是，从2011年4月份的CPI数据开始，我开始在国家统计局的数据正式公布之前，提前两天发布我的CPI数据。我4月份的预测数据与官方公布数据完全吻合，引起了微博上的一片哗然和惊叹。

2011年5月份，我又如法炮制，提前两天推出我的CPI数据，又几乎与国家统计局的数据一模一样。

CPI，成为中国社会的咒语。

那么，我们将如何向市场传达中国CPI的正确信息，帮助大家正确理解全社会购买力呢？

解构这个数据模型，还原中国经济真实状态，成了我的一项重大使命。

在这一章，我将重点讲解全球CPI状态和中国CPI目前所面临的问题，

导读：中国的CPI我一测就准

分享我对宏观经济的分析和研究，来指导我们的投资理财，找寻资产的真正价值。

第一节
CPI 数据与全球经济体纵横谈

在全球，CPI 是各大经济体用于测度通胀率的主要指数。而在中国，如果我们仅仅依据 CPI 数据来判定通胀，往往会产生误判。

中国的 CPI 被严重低估。在宏观经济学上，CPI 一直占据教科书的重要篇章，可以说其重要性仅次于 GDP。然而在现实中，我们不仅对 CPI 缺少敬畏，也缺少质疑。

理论上说，CPI 是对一个固定的消费品篮子价格的衡量，主要反映消费者支付商品和劳务的价格变化情况，也是一种度量通货膨胀水平的工具，以百分比变化为表达形式。这种理性的表述，告诉了我们 CPI 在经济体中的功效，但是，仅凭这个定义，完全不能将 CPI 应用于我们的生活，也不能指导我们在资本市场的操作。

2011 年 CPI 的权重被国家统计局最新调整为：

1. 食品 31.79%

2. 烟酒及用品 3.49%

3. 居住 17.22%

4. 交通通讯 9.95%

5. 医疗保健个人用品 9.64%

6. 衣着 8.52%

7. 家庭设备及维修服务 5.64%

8. 娱乐教育文化用品及服务 13.75%

在这里，有必要作出解释的是，在居住部分当中，新加进了房价。而从 2011 年开始，中国房价基本开始停止上涨，每个月的上涨只有 0.2% 至 0.8%，这就拉低了 CPI 的涨幅。

美国的 CPI 一直都很平稳

美国的经济学家对 CPI 的研究不如中国经济学家这么注重。但是，这不能说明美国不重视 CPI。而是因为近十年来，CPI 始终成为不了全球热点。不仅只是美国，包括欧洲和很多其他国家，也都是这样，因为他们的 CPI 一直都很平稳。

仅举美国为例。CPI 一直被当做消费物价指数，与通胀率相关相等。因此，每当美国公布 CPI 时，都将引起市场的高度关注。2011 年 8 月 18 日，当美国公布上月 CPI 涨幅超过 0.5% 时，引起美国股市狂跌，道琼斯工业平均指数下跌 503.03 点，报 10,907.18 点，跌幅 4.41%；纳斯达克综合指数下跌 130.56 点，报 2,380.92 点，跌幅 5.20%；标准普尔 500 指数下跌 55.46 点，报 1,138.43 点，跌幅 4.65%。因为美国 CPI 很少上涨，除非在经济高速增长时。因此，这次突然上涨 0.5%，再加上全球债务问题，才对资本市场产生如此巨大的影响。

在美国，构成 CPI 的主要商品共分八大类，其中包括食品、烟酒和饮品、居住、衣着、交通通信、医疗保健个人用品、家庭设备及维修服务、娱乐教育文化用品及服务。与中国不同的是，美国 CPI 住宅的权重中，一直将房价当做权重较大的一块，随着房价在市场上的影响大小决定权重比例；而中国在 2011 年之前只把房租计入 CPI，而没有把房价计入住宅类数据，才造成过去 CPI 一直被低估。这是中美两国 CPI 最大的不同。

在美国，CPI 由劳工部统计局每月公布，有两种不同的消费物价指数。一是工人和职员的消费物价指数，简称 CPI-W。二是城市消费者的消费物价指数，简称 CPI-U。美国劳动部每月定期发布全球通胀率数据，并提供给联合国有关部门参考，是全球最具影响力的宏观经济数据之一。因此，我们在做 CPI 研究时，应该充分认识到，CPI 是一个滞后的数据，不具备前瞻性，因此，在做经济趋势分析时，经济学家常常将 CPI 的数据作为货币政策可能在中短期内发生何种变化的参考指数之一。

CPI 稳定、就业充分及 GDP 增长往往是最重要的社会经济目标。

但是，30 年来，中国 CPI 起起落落，表明中国经济起伏很大。也就是说，你赚了一辈子的钱，有可能一下就不见了。所以，从中国的现实情况来看，CPI 的稳定及其重要性并不像发达国家所认为的那样“有一定的权威性，市场的经济活动会根据 CPI 的变化来调整”。客观地说，更适用于供我们一时一地的参考。

十多年来，欧美国家的 GDP 增长一直在 2%～4% 之间左右波动，CPI 也同样在 0%～3% 的范围内变化。一般情况下，CPI 是不可能大起大落的，除非经济生活中有重大的突发事件（如 1997 年的亚洲金融危机）。就连美国发生如此巨大的次贷危机，CPI 也稳如泰山，丝毫不动。所以说，美国的经济学家没有几个人去研究 CPI 的变化，因为它根本就不会产生大的变化。这是社会稳定的最大象征。

中国的CPI只是食品价格指数

很多人想不通，中国的房价为什么在CPI低谷时开始上涨，而在CPI高峰值时开始下跌。从理论上来说，不动产在通胀时期，有保值的功能；而在经济萧条时期，开始贬值。中国的不动产的价值其实是反向的，房价往往在CPI低峰值开始上涨，而在CPI高峰值时开始下降。

其实道理很简单，中国的土地是由政府控制的。在CPI低峰值时，政府需要依赖土地财富拉动经济增长，就不顾一切大力开放土地市场，而开放土地市场的前提条件和基础，就是货币政策宽松化，也就是货币贬值的方式，造成了财富迅速增长的假象，迫使投资人买房保值，从而拉动房价暴涨。而在CPI高峰值时，通货膨胀严重，政府就被迫打压房价，正所谓盛极必衰，房价上涨太厉害了，必然要暴跌。随后的经济形势才会是CPI回归常态阶段。

我们在上面已经讲了，中国的CPI，大众在决策时只能将其作为参考，再加上中国从2008年以后再也不公布通胀率，所以，我们对通胀程度的判断，取决于两个方面，一个是M2的增长情况，一个是CPI。否则，便会被CPI的假象所迷惑。

那么，中国的CPI究竟和通胀是一种什么关系呢？

从技术层面来说，目前中国的CPI在调查取样上采取的是定点抽样方式，由于定点的点太少，以致无法反映出CPI的真实水平，不具备整体性的宏观效应。

在CPI权重的设置上，除了食品类和医疗保健、个人用品类，其他类消费基本不存在价格上涨的因素。住宅类板块，在2011年以前的几年，房价上涨最猛的时候，房价没有计入；在 2011 年房价被管制后房价没有上涨的可能时，反而将房价计入 CPI，并将权重增大到 17%；本来房租在住宅类板块中权重最大，房价一计入，房租权重减轻，所以，住宅类指数无法影响 CPI。

这样的变动，导致现在中国的 CPI 其实只是食品价格指数，不是严格意义上的消费指数，根本不可能测度整体通胀率。

这也是为什么当月的 CPI 我一猜就准的主要原因。

巴西对 CPI 有着深深的敬畏

有一个问题，一直萦绕在我脑际。

为什么巴西的 CPI 低于中国，但是，巴西总统罗塞夫却将利率一提再提，至今已经提高到了 6.75%，远远高于中国的 3.75%？仔细考量两国经济，结论只有一条，中国现行的经济制度落后美国 200 年，比巴西落后 50 年。

对 CPI，巴西有着深深的敬畏。

巴西在 20 年前，随着 CPI 指数的大幅波动，国内经济波动较大，一时间通货膨胀率过高，民众储蓄负利率严重；一时间居民储蓄又告别负收益，通货紧缩阴影重现。这样一种经济环境令人担忧，让巴西吃足了苦头。因此，巴西经济学界和政府决策机构，一起来关注 CPI，找出了一条解决 CPI 的通道——那就是，决不允许再出现负利率现象。

罗塞夫在竞选时提出，决不允许 CPI 高于利率，决不允许再出现负利率，决不允许通胀伤害巴西经济，蚕食民众财富。

罗塞夫当总统后，尽管 CPI 达到 4.7%，但是，一直是温和通胀，因为老百姓的存款利率达到6.75%，始终有收益。这样的通胀在经济增长时期，属于良性通胀，因为城乡居民存款收益没有减少，说明货币没有贬值。

中国不同，CPI达到6.4%时，利率才被迫加到3.75%，负利率水平高达2.65%。对比之下，巴西、印度、俄罗斯出现的是经济增长时期的良性通胀，而中国出现的是恶性通胀。

中国的通胀率到底是多少?

美国劳工部从2010年开始就不公布中国的通胀率。这件事一直引起国际社会的普遍关注，外界开始猜测：因为美国劳工部测度各国通胀率，主要对应的利率、汇率和各国货币对应黄金的价格，用这种模式测度通胀才能公平测度全球的通胀。几十年来，美国劳工部从来没有停止公布某一国的通胀率，为什么停止了公布中国的通胀率?

很快全球经济学界就出现几种猜测：一种是中国通胀率达到27.6%，吓呆了美国劳工部，因为20年来，除了津巴布韦，没有哪个国家达到过这么高的通胀率。

另一种猜测是不管中国通胀率究竟多高，反正是一个天文数字，而当时中国官方的CPI数据不到3%，双方得出的结论无法磨合，美国不确定自己判断的准确性，因此不敢公布。

这两种猜测都是有理由的，但是，理由不代表现实。现实是，我们什么也不知道。

猜测终归是猜测，时至今日，美国劳工部也没有公开解释停止公布中国通胀率的原因，事实就是没有再公布中国的通胀率。实际的真相，从中国 M2 的飞速增长，大家应该已经看出来，中国的通胀率绝非只有六点几，而是数倍于六点几。

问题摆在这里。中国从不提通胀率，CPI 又存在诸多问题，而在资本市场又不得不了解确切的通胀率，这就要考验我们自己的智慧。

美国劳工部的 CPI 数据模型资料，我们还没有拿到，但是，这个数据模型是建立在汇率、黄金价格、对应本国货币有关数据的基础上的。如果采取这套数据模型提供的方案来测算中国的通胀率，我们 2010 年的数据就会与外媒报道的不谋而合。

走进菜市场，家庭主妇是无论如何也不会认同什么 6.5% 的 CPI 的。2011 年 7 月，猪肉涨了 5 元钱，比较起来，涨幅是 33%，其他相应的肉食全面涨价，青菜类上涨幅度也不会低于 30%。CPI 至少为两位数以上才符合市民的真实感受。更为可耻的是，进入 2011 年以来，每当 CPI 数据一公布，立即就有一些经济学家们预测，CPI 已经见顶，下个月就会出现拐点。结果呢？每月都在上涨。

之所以发生这些误判，是因为大家没有对 M2 进行细致分析。一年释放出本不应该发出的货币 10 万多亿，哪里是一两年的价格上涨所能消化的。按现在这个速度，十年也消化不了这么多货币。

造成大多数人对市场产生误判的主要原因，就是官方没有公布真正的通胀率。很多国家所参照的 CPI，在中国只是食品消费指数，不能代表通胀率。

民间是很难测度 CPI 真正涨幅的，但是，市民的真切感受摆在那儿。实际上人民币贬值幅度巨大，公众已经感到一种切肤之痛，却又无可奈何。一天中午，我路过一家烟酒茶店，顺便买上一条中南海香烟，准备带回上海。碰到店主正和一位顾客为一盒茶叶砍价。店主开价 200 元，顾客砍回 100 元；

店主于是让步，开价150元；顾客见有松动，又咬住100元。两人于是130元、120元来回几个回合，争得面红耳赤。最后顾客说：200就200，这钱不好使。顾客走后，店主一脸茫然，望着我苦笑，边笑边说：这钱真没用。

唯一清醒的是外国人，他们不断地寻找真相，寻找解决办法。

2011年8月11日，人民币巨幅升值，告别6.4元，走进6.3元的时代，综合本年度前8个月的数据来看，人民币已经升值3.3%。中国人去美国消费更加便宜了，这将极大地推动美国的内需。美国劳工部宣布：在截至2011年8月6日的一周中，首次申领失业救济人数为39.5万。经济学家对此的平均预期为40.5万，可见美国的失业人口不断在减少，表明美国经济正在复苏。

人民币升值是整个国际社会对中国一致的要求。汇率从8.2元一直升值到6.3元，下一个阶段性目标，是突破6元。能否见底，现在还不知道。

只是我们应该知道，人民币一定出问题，而这种问题损害了中国国内所有持币人的利益，而对外部的升值，将吸引人民币换成美元在国际上消费，以拉动全球经济增长，而给中国本土留下通胀。奇怪的是，在中国人消费的美元区，经济一片繁荣，物价长期稳定。看透了这一点，我们就应该知道，国内的CPI为什么会被长期低估？为什么中国不宣布通胀率？

一团烂账，永远无法解开。

第二节
CPI 与我们的投资策略

我们通常把中国的 CPI 当做利率调整的信号。官方也一直根据 CPI 的变化来调整货币政策，这赋予了 CPI 在宏观经济决策中举足轻重的作用，所以，我们可以看不起 CPI，但是千万不可不看。

第一个状态，加息周期将长期持续

这个状态，是我们必须面对的。在宏观经济学上，3% 的 CPI 表明这个经济体发生了通胀，而 5% 以上的 CPI 才能界定这个经济体发生了恶性通胀。这种状态的界定，以连续三个月为界。而对决策层来讲，中国未来将在很长时期内处在恶性通胀之中，无法遏制。从 CPI 的走势来说，主要对应的有三大数据。

CPI 是 GDP 最强大的杀手

真正的 GDP 应该有两种属性，一种是经济总量，还有一种就是全社会财富的增长量。而 CPI 对应 GDP 呢，是一种抵消作用。就这个意义来说，GDP 不是越多越好，GDP 与 CPI 和 M2 之间，有一种对冲和平衡作用。打破了这种平衡，整个经济体就会出问题。

CPI 告诉人们：不是所有的 GDP 都代表着财富，不是一切 GDP 都代表着增长。

比方说 9.6% 的 GDP 对应 17%M2 的增长，相对于社会财富总量来讲，实际没有增加，只是货币增长而已。这就是为什么富人和穷人都深感恐惧的本质原因。看上去大家都增加了收入，实际大家的购买力都在降低。这种情况不改变，经济形态将更加扭曲，经济结构将更加不合理，社会财富的平衡机制已经失衡，最后将演变成经济危机和社会动荡。

由于 2009 年和 2010 年货币发行得太多，这一轮加息已经进行了五次，实际市场反应不太明显，效果也不是很好。

认识了 GDP 的本质，就应该知道，只要 CPI 和 M2 处在高位，GDP 的所有增长都是毫无意义的。CPI 和 M2 是一切经济增长的最大杀手。中国 20 年来，尤其是近八年来，随着外汇储备的增加，外汇储备这笔巨大的资产广受关注，其投资和管理的方式与效率也备受争议。

CPI 是利率的窗户纸

利率，说得通俗一点，就是货币的使用价值。

窗户纸一捅就破，这是我们的俗语。意思是这是一个幌子，只是没有人揭露，没有人捅一下而已。只要把窗户纸捅破，真相就大白了。

CPI 超过 5%，那就表示货币正在贬值。

在市场上的反应就是，央行利率和民间利率差距越来越大。央行一年期的贷款利率现已达到 6.56%，而民间借贷利率早已突破 30%，是官方利率的 5 倍；而在温州、苏州等地，民间借贷利率最高峰时最高利率已经突破了 100%。房地产信托产品、理财产品年化收益率已经达到 20%。对于拥有信贷权的部门，纷纷利用资金优势，开展游离信贷正常业务之外的资金生意。

CPI 越高，基准利率就越高，民间借贷利率就越高。这样的恶性循环，将一直持续，一直到经济结构调整完毕。很多结构性不合理的产业就会陷入破产倒闭，投机性资金泛滥的现象将会减少，一直到经济进入良性状态。

这个代价将是沉重的，后果也是严重的，但是，一切皆为必须。

最后的结局是，经济开始进入调整，CPI 在市场供求关系转向正常后开始下降，利率将开始转向正常。体现在市场上，就是存款利率高于 CPI。

第二个状态，通胀与牛市的关系

巴菲特在美联储退出量化宽松政策以前，账面现金有 360 亿美元。有记者问他：这么多钱，准备投资什么？巴菲特说：通胀就要来了。

很多中国网友在理解巴菲特这句话时，发生了明显的方向性错误。他们认为，巴菲特讲话的意思是通胀时期不适合投资。很多机构都是这样解读的。其实，我的理解是，巴菲特这句话所表达的是对全球经济的担忧，因为美联储量化宽松政策的终极目的，就是引发全球性通胀，促使非美货币迅速升值，加剧美元回流美国进行消费，拉动美国经济。这样，全球各国经受通胀煎熬，而美国经济可以迅速复苏。

这就是美国为什么总是制造危机——次贷危机、债务危机，以及其他危机的目的。作为投资大师的巴菲特，他的思想是全球性的，是着眼宏观经济的，他的目光所及和判断不仅仅只是针对资本市场。但因中国资本市场有一句口头禅：通胀无牛市。因此中国网友依据传统的思维逻辑来解读巴菲特这句话，是很害人的。我们需要反思的是，通胀之中真的无牛市吗？

讲通胀无牛市，是按照经济学教科书的理论来推断。中国几乎所有经济学的教科书基本都来自西方，很多理论其实并不适合中国国情。在货币主义流派大行其道时，只认一条死理，那就是，因为通胀，央行将会采取货币工具、金融工具和信贷工具收紧货币，直接导致资本市场资金紧张，甚至出现资金枯竭。

但是，中国处理通胀的方法让世界目瞪口呆。

首先中国不是在治理通胀，而是在稳定物价。但是，稳定物价的前提不是下达行政命令，而是回收货币的力度。相比较其他新经济体而言，通胀的恶劣程度上，中国第一，但是，在货币工具的使用力度上，中国却是最弱的。而在行政的手段上，我们在全球又是最严厉的。我们看到的是，不给开发商发放贷款，逼其降价销售——这一招很厉害，因为房价基本上是货币支撑起来的，把开发商的现金流斩断，房价根本涨不起来。我们看到的是，对企业采取谁涨价就处罚谁的策略——这一招看上去匪夷所思，其实也很厉害，政府手段动用起来，好，就会利于市场；不好，就会让市场态势朝更加恶性的方向发展。

这样治理通胀，解决不了本质问题。这就给市场营造了一种假象，好像物价稳定了，实际上流动性依然泛滥。也就是说，市场上并不缺钱，而是钱要往何处去的问题。所以，这样治理通胀会造成另一个结果，那就是会造成股市走强。因为资金无处可走，只有进入股市。那么，我们可以仔细分析一下，几万亿的流动性究竟要往何处去？如果像其他国家一样，真正的治理通胀，“通胀无牛市”这句话肯定就会应验，但是，我们看见的是股市的上涨，这一点需要广大中国投资者注意。

CPI 与我们的未来

长期困扰在通胀中不觉麻木，是一个正常的经济体最大的滥觞。试想一个平头百姓阶层的家庭主妇，一夜醒来，发觉柴米油盐又涨价了，她还能睡得着觉吗？所以，大家都想跑赢通胀。然而，谁都心存畏惧。

怎么办？以钱生钱，是那么容易生的吗？如果养只老母鸡，指望它下蛋，还成；指望钱下蛋，多难！

其实，CPI 还真的可以下蛋，全在于我们自己在不在意。

看看这几招灵不灵？

第一招是适当配置股票资产，CPI 见顶之前，必是股市见底之日，这时是股市建仓的良机。所以，我们要选准那些在股市上还要涨价的产品的股票，建立自己的仓位。很多产品面临涨价，有的因为稀缺，有的因为市场供求关系逆转，有的属于国家战略收储的产品等等。这些产品升值潜力巨大，只要 CPI 处在 5% 的高位，都是主力资金追逐的产品，适合中小投资人战略建仓。对外部来讲，只要人民币处在升值通道，很多上市公司都会坐收渔利。这些受益于人民币升值的上市公司，值得关注。不过，顺便提醒一下，CPI 见顶之日，也是人民币升值末梢，也是人民币兑美元贬值的开始。

第二招，适当配置金融理财产品和可靠的信托产品。金融理财产品和信托产品，尽管收益不是很高，但是，非常稳定，在目前货币收紧的环境下，既便于变现，又能让我们跑赢通胀，是一种优质的现金资产。但是，购买这些金融产品最应该知道的，是谁推出的产品。千万不要上当，中国什么商品都有假货，金融理财产品也是如此。不要仅仅只看年化收益率，也要验明正身，确保产品出自有信誉的金融机构。

第三招是配置长远的保险类投资品种。对于现金量不多，但是有稳定收入的家庭可以配置一些月投入量不大，有长期回报的保险类投资品种，兼顾保险和投资两项功能，以积少成多、集腋成裘的办法积累资产，获得长期回报，往往在十年后会有特别的惊喜。

当然这些都是常识性品种，在CPI发生变化时，资金市场将随时发生变化，各种新的金融产品将会应运而生，家庭理财产品也会发生变化。

千万不要在经济环境不稳定时怀有赌博心理，增大家庭负债，房贷只能限定在一定比例之内，不要超越未来收入的预期。经济萧条时期，将会持续3～8年，过去那种虚高增长将不会再现，一切将还原财富的真实状态。对未来，我们一定要有信心，但是，信心要建立在有准备的基础上。家庭要立足长远，不可为一时投机乱了阵脚。

中小投资人制胜法则

中国中小投资人一定要记住，在与通胀的搏杀中，股市永远存在风险和收益并存的状态。而中小投资人在股市中施展拳脚时，有一句话，永远可以和机构说：我的钱是没有成本的，每年赢利30%就跑赢了通胀，复合计算，3年就可以翻一倍。

在A股，有公募基金和私募基金。这两大机构的资金主要靠向社会募集而来，在资金紧张的情况下，募集资金的成本至少为30%。也就是说，在机构与散户的博弈中，只要散户立足于只赚30%，瞄准机构建仓时机，赚30%就跑。这样，机构永远无法与散户抗衡。而在中国A股，一年涨幅在50%的股票比比皆是，只要选准入市时机，然后找准上涨30%的幅度作为卖点，达到目标就跑，管他以后是否涨上天。获利了结才是永恒的法则。

追涨杀跌不适合现在的市场。一年翻几倍也变得不太可能。中国股市和中国人的生存状态也是一样的，大家都在耗。但是，不管怎么耗，CPI

是必须关注的。

如果CPI继续在5%上方运行，就表明通胀还在加剧，货币还在贬值，就要拓宽投资理财渠道，关注新的投资理财产品，设法增加投资收益。机会的出现经常在不经意间，稍一不注意，就可能导致资产贬值。

如果CPI涨幅和利率重合，这个时候就表明很多资产价格将停止上涨，所有投资方向就要重新考虑。在通胀年代使用的投资方法和模式，也将重新进行调整。投资题材也将重新挖掘，投资产品也将有许多新的创新。周小川说，长期看，人民币存款收益还是不错的。当然，周小川没说多长时间，但是，这样的状态发生在存款利率高于CPI的涨幅之后。像巴西那样，基准利率一直在高于CPI 2%以上的高位运行，才能真正让工薪阶层分享经济繁荣带来的财富增长。

如果哪一天，CPI突然跌入低谷，就表明货币政策的拐点将开始出现，现金为王的时代就将重新闯出江湖，我们可以四处购买便宜的资产。从中国经济发展的趋势看，这一天将在2013年来到，住宅价格将开始重新出现买点。

真正的所谓住房的“刚需”，也就是买房自住的，真正的买点，应该出现在2013年，那时买房将会有五年左右的时间不会出现大的贬值，到老龄化社会来临时，住房价格还会有一次狂跌。对中国来说，大约在2020年后，那个时候，中国才能开始彻底告别高房价，房价收入比和现在的美国差不多，再也不会有什么人去买第二套第三套住宅。

那时，CPI也会像美国一样，不再受到普通民众的关注，因为数据不会有太大变化。

第三篇

社会财富，我们有权共享

道义问题，在我们这个时代变得尤为重要

本篇讲的是中国宏观经济的基本面，看似与投资无关，但当大环境恶化时，必然会动我们每个人的奶酪。我希望大家一起致力于改善我们的大环境。

经济也十分注重道义，正所谓：天不灭则道亦不灭。

一个国家或一个民族，应该有远大的志向，充满着激情，最大限度地发挥人的聪明才智和创造潜能，才有可能占领人类发展的制高点。

我们的中心是什么？是宇宙。我们以什么为本？以人类为本，人类的普世价值才是我们共同的价值。任何情况下，一个民族的中心只能是宇宙，而不是其他。所以，借发展经济之名破坏自然资源的中心论，都是伪中心论。

以经济建设为中心，是威廉·詹姆斯在《实用主义》一书中提出来的。这本书曾经被誉为美国精神的哲学，畅销于一时，影响于长远。遗憾的是，现在已经被抛弃了。当代的美国精神就是宇宙中心论的最好写照，以科技和网络为先导，不断探索太空，不断占领制高点。在经济上雄视古今，博览天下，一统全球，这才是大道。尽管资本主义在其高级阶段不断出现“恐高症”，但是，仍然以其实力维护其全球霸主地位，无人能够撼动。

以中国文化来说，当今中国当以宇宙为中心，胸怀全球，虎视天下。中国应该有自己的战略，立足于 20 年后。目前，中国的主要问题是内部的，是上层建筑无法适应经济基础发展的问题，造成日益发展的高科技和日益没落的群体智慧之间的落差越来越大，绝大多数企业的创新意识不足和市场对产品更新换代的速度加快的矛盾，是富者恒富穷者越穷的两极分化的加剧，是人民群体日益提高的道德诉求与文化崩溃的裂痕正在加深。

这些问题不解决，这就不再只是追求战略利益的问题，而是会延伸成为社会动荡的问题。

因此，道义问题，在我们这个时代就变得尤为重要。富人，要主动尽力地去帮助穷人，态度应该是全心全意的，是恭恭敬敬的，不仅要帮助他们找回生活的乐趣，还要让他们赢得尊严；而穷人，要有“穷且益坚，不坠青云之志”的气概，更要有积极向上的决心和毅力。

人类走向未来的路，从来就不是平坦的。对一个国家或一个民族来说，可以反思历史，更重要的是开创未来。那么，从现在起，我们要开始讲道义。《大学》里所说的“至德要道，百行所基”，说的就是这个道理。

经济的道义，其天敌是贫富两极分化。

这是社会不公在经济体制的具体体现，集中反映的是土地财富不能实现全民共享，意味着一部分公民应该享受的基本权益被一部分剥夺。我国的国情是，农民，起码要达到耕者有其田，城市居民，起码要达到居者有其屋。道义大于天。这个问题不解决好，经济繁荣只是一个假象。所以，我们在发展中，必须十分尊重绝大多数人的利益诉求，谋求建立社会财富的平衡机制，实现道义上的追求。

在这一篇，我将分别从基尼系数和 GDP 的整体状态入手，分析中国经济对资本市场的影响，以及我们的策略。

第5章

基尼系数——定义经济繁荣之道

我的朋友娄哲称在我眼里，一直是一位得道的大师。每每和他在一起聊天，总是非常有收获。所以，我的这本书也尝试用和网友一起聊天的方式，展开宏观经济和资本市场的故事。但是，我不敢说我也能和娄哲称一样，也能得道，我只是有和他一样的信念，那就是：天不灭，道亦不灭。

早在读中学时，娄哲称就开始骑自行车走遍中国。

20多年后的今天，娄哲称开始徒步中国，寻宗问祖，叩拜三皇五帝和中华民族的文化伟人。一年多的时间，他从深圳出发，沿着中国大地，寻访了十几个省，徒步走遍了尧舜禹的诞生地和中国五千来的多个文化发源地，用自己的亲身力行，溯古访今，寻求宇宙和自然的真理，找寻一条大道——那是人类的大道。

我在我的腾讯微博上直播过娄哲称徒步中国的历程，向广大网友传播过他的人生理念。

从盘古开天辟地以来，人类前赴后继，为的就是寻找一条道。

相对于宇宙和自然来讲，人，不过是匆匆过客，一个人从生到死的过程，与历史的星河相比微小得像一颗尘埃。我们究竟为何而来，又究竟为何而去?已经不仅仅只是高僧或者哲人、智慧的大师所思索的问题，而是萦绕在中国社会上空的一个大问题，许多人都在思考。

我，也在思考。

在宏观经济体系中，许多人已经在深思这些问题。基尼系数，正是这种思考的结晶之一。我将基尼系数称为“经济繁荣之道”。在经济繁荣时期，应多多审视基尼系数，它对一个人、一个国家是一个伟大的警示。

基尼系数由20世纪初意大利经济学家基尼提出，是他根据劳伦茨曲线所定义的判断收入分配公平程度的指标。基尼系数是比例数值，在0和1之间，是国际上用来综合考察居民内部收入分配差异状况的一个重要分析指标。2006 年以前，中国官方每年定期公布由联合国颁布的基尼系数数值。然而，2007 年以后，因为中国基尼系数突破 0.5，超过国际警戒线，官方再也没有公布过我们的基尼系数。

中国基尼系数在 2008 年经济调整时期微降至 0.469，但在随后的 2009 年超过 0.5。2010 年，中国基尼系数突破 0.52，从 2009 全球排名第 94 位，一跃而到第 116 位。而整个全球，联合国列入监控的国家和地区总共才 124 个。中国的贫富差距越来越大，排名一下子降为全球倒数第八，只是比非洲一些特别贫穷的国家要强一点。这个数据的变化告诉我们什么呢？ 2008 年房价一降，全社会贫富差距迅速缩小。随后，一直到 2011 年，基尼系数数值都在不断加大。

为此，我们必须拷问中国社会的财富分配体系，拷问社会的良知。我们的财富究竟流向了哪里？

在与其他国家的对比上，一个奇怪的数据，就能促使国人的警醒。请看这个让人痛心疾首的数据对比。用于行政的费用占生产总值的比例：中国占 25.6%，印度占 6.3%，美国占 3.4%，日本占 2.8%。而用于教育、医疗的费用比例：中国占 3.8%，印度占 19.7%，美国占 21.5%，日本占 23.3%。

第一节
中国的富人

先富不仁

从经济发展的过程来说，许多发达的资本主义国家，都经过原始资本阶段——即圈地运动；产业资本阶段——即资产泡沫；从而达到资本的最高阶段，金融资本阶段——即货币战争，最后走向崩溃，一切从头再来。这个过程将会循环往复，以至无穷，直到人类的消失。

美国基本已达到了资本最高阶段的高峰，而中国还处在资本的原始阶段。这个时代极易产生一夜暴富的人，也容易加剧贫富分化。所以，这个时代最大的矛盾是贫富分化。富人会越来越富，穷人会越来越穷。一个社会如果没有建立长期的社会财富的平衡机制，这个社会必将崩溃。时刻关注基尼系数的变化，对我们格外重要。

中国在这个时代产生先富的群体，一点也不奇怪。

很多富人充满传奇，为经济繁荣和社会发展作出了自己的贡献，社会应该为富人创富创造一个财富不断升值保值的基本环境，富人才会不断投资，也会鼓励穷人不断积累财富。富人不断创富，不会加剧贫富差距，只会推动经济繁荣。

要避免贫富差距加剧，首先是不能把保增长当做硬性任务，但增长一定要实现。其次，作为宏观经济的决策者，要充分建立社会财富的平衡机制，从法制上保证私人财产的合法性。第三，要充分实现社会保障全覆盖，让每个公民生活无忧。

我们看到的是什么？中国先富者没有推动社会财富平衡机制的建立，导致社会失衡，产生了一大堆矛盾。

造成这种现象，有制度的原因，也有个人的原因。

事实已经证明，中国 30 年来已经造就了一批富人，像邓小平说的，让一部分人先富起来，这个目的已经达到。然而，这批已经先富起来的富人，纷纷在国外消费，纷纷移民，却又不肯离开中国。但是，他们不仅仅只是换一个国籍而已，而是在国内大肆贿赂官员，影响宏观经济政策的制定。可笑的是，他们连中国公民的身份都没有，却在干预中国的住房制度，最典型的就是金岩石，为了给房地产进行投机炒作，最后把自己给炒糊了，这不是一件很可笑的事吗？

官员先富

我们先来看看这些先富的人，首先看政府官员。

2011 年 6 月 15 日，中国央行网站刊发了《我国腐败分子向境外转移资产的途径及监测方法研究》报告，详细披露了中国外逃的腐败分子是怎样把巨额财产转移到境外的。这份报告明确披露，外逃贪官转走中国财富 8000 亿。

这份报告所指出的还只是转移出境的数额。

中国官员因经济犯罪外逃始于上世纪 80 年代末。近年来外逃的腐败分子及其转移至境外的资金究竟有多少，至今还没有一组公认的数字，只能根据各方报道勾画出大体状况。人民银行在监测思路上以“获取非法资产”和“向境外转移资产”阶段为监测重点，依托并充分利用大额交易和可疑交易报告数据库，加强对重点地区、敏感行业、特定人群和特定消费方式的监测，同时将自主分析和协查分析相结合来进行调查。

报告引用中国社科院的调研资料披露：从上世纪 90 年代中期以来，外逃党政干部，公安、司法干部和国家事业单位、国有企业高层管理人员，以及驻外中资机构外逃、失踪人员数目高达 16000 ～ 18000 人，携带款项达 8000 亿元人民币。近年由官方媒体曝光的腐败分子外逃或将资金转移境外的典型个案不胜枚举。这些犯罪嫌疑人潜逃境外的目的地主要集中于北美、澳大利亚、东南亚地区。

100万美元净资产拥有者只有53.5万人。

我们来看看中国富豪的数量——53.5万人。

美林集团和凯捷咨询在2011年6月公布了2011年《全球财富报告》，这是全球最权威的财富报告。这份报告中的数据显示2010年全球富豪数量增加了8.3%，达到了1090万人；其中，中国的富豪数量为53.5万人，仅次于美国、日本和德国，继2009年后再次稳坐第四名的位置。从中国人口基数来看，中国拥有这么多富豪当之无愧。

问题是，这篇报告很快牵动中国社会敏感的神经，激起中国民众的强烈反响。

不久前，我专门对此发表微博：全球公布的个人资产净值100万美元的拥有者，中国只有53.5万人，位列全球第四位。这个统计当中，也就是按国际惯例没有统计房产。如果统计房产，中国资产超过100万美元的至少会有2000万人，是全球富豪总数的一倍。

国际社会在统计这个净资产时，不考虑房产，因为不动产一向不作为个人的净资产。本报告中的净资产，不包括主要房产。那么，超过100万美元以上的人士被称为"高净值人群"。这份报告的价值，主要体现在对净资产的数据统计上，比较真实地反映出个人真实财富的状态，所以、虚拟资产、不动产都不计入其内，鼓励的是拥有真实财富。从这个价值观出发，房产不属于真实的财富。

从金融市场来说，中国的金融市场处在发育阶段，还很不成熟，虚拟资产很少，就连全球最大的虚拟市场——外汇市场，在中国也没彻底放开。那么，中国的富人玩得最多的自然只有房产，而房产恰恰不计入真实财富之列，造成了中国富人资产配置不当，真实财富减少，群体自然不大，在全球的排名也上不去。

从这份报告看出：2010 年全球这一群体的财产总和达到了 42.7 万亿美元，接近美国一年 GDP 的 90%，相当于中国 GDP 的 7 倍。然而，从财富集中度来看，金字塔顶尖的富人数量占比最少的是中国。在次贷危机前，亚洲的百万美元增长速度就在加快，本次统计结果出来后，亚洲富豪人数达到 330 万人，首次超过欧洲地区的 310 万人，仅次于北美洲的 340 万人。

2010 年，全球造富机器是股市，并非是房地产。全球房地产造富神话结束了。而股市表现出的强劲动力，在宏观经济中产生的润滑作用无可替代，自然将是未来财富增长的主要源泉。2010 年，全球股市平均涨幅达到 18%。弹丸小国——蒙古，后发制人，一举夺嫡，成为全球股市表现第一的国家，年增长达到 136%，股民平均收益率达到 183%。蒙古，全民致富机器非股市莫属，百万美元净资产的人首次超过 10 万（蒙古总人口不到 300 万人）。

中国目前的百万美元富豪人数为 53.5 万人，比去年增长 12%，但仍只是美国的六分之一。中国第六次人口普查登记的全国总人口为 1339724852 人，以 13.9 亿为基数，中国富豪人数仅占全国人口比例的 0.039955%。中国用房地产来造福，把富豪引向死路，因为房价存在涨跌，无法评估净值，这笔财富存在巨大泡沫，风一吹就没有了。人们一窝蜂地依赖房地产造富，最后房价越来越高，最终成为权贵们的游戏，而且，许多地产财富中有灰色成分，黑钱及犯罪行为普遍，为全球各国的人们所不齿，以致参与人群越来越少，再加上引爆货币超发，导致通胀越演越烈，逼出政府强行调控，所以，中国地产造福神话行将终结。未来中国，像全球一样，股市将成为新的造富机器。

在造富的同时，我们不妨关注一下最高领导人在中国共产党建党 90 周年的纪念大会上的讲话：不让老实人吃亏，不让投机钻营者获利。从这个观点看，打击楼市投机行为，将成为未来长期的国策，绝不会轻易松手。否则，地方官员将要被开发商收买，一起来祸害人民，最后危及政权。从历史发展的趋势看，中国房地产的发展将回归常识，沿用欧美模式将成为必然。房价将长期下跌。

此外，中国买家对私人飞机、豪车、豪宅等情有独钟，艺术品收藏也是富豪们青睐的投资领域。2000～2009年间，中国艺术品市场交易总额超过40亿欧元。

中国社会对富人多有诟病，在于有些食利阶层快速暴富。中国的这些富豪大多和外国资本联合、和房地产商联合、和官员们联合，套取银行贷款、通过股份制私有化等途径稳固地享受巨额财富，属于食利和世袭的社会阶级。从长远看，这些富豪正在加速移民。

第二节
中国人为什么会穷

我们将如何面对一亿穷困群体？

中国的穷人问题，已经越来严重。这个问题，已经不仅仅影响到资本市场，也影响到整个社会社会层面。

中国的穷人在一种不公平的社会制度下生活。在经济增长时期里，发生贫富分化没什么可怕，也是很自然的。问题是，拒不纠错就非常可怕。在民主国家，产生这种现象，人们有正常的诉求渠道，我们迫切需要解决问题的更多渠道。

在“十二五”规划的第一年，贫困标准上调到人均纯收入 1500 元，这比 2008 年、2009 年 1196 元的贫困标准提高了 25%，但是，巨大的通胀吞噬了这种增长。实际上，相对于 2008 年，M2 增长了一倍，仅仅 2009 年一年就增长了 29.7%，而贫困线的标准仅仅提高 25%。有用吗？贫困线标准应该随同 M2 一样翻一倍，提高到 2392 元，我们才能跑过 M2 啊。

在这同期，中国的国内生产总值及人均生产总值已超过印度 3 倍以上，但是即使采用新标准，中国贫困标准仍低于印度。近期印度的扶贫标准有所上调，大致是接近人均每天消费 1.2 美元的水平（按照购买力平价），与世界银行人均每天消费 1.25 美元的全球标准比较接近。而中国 2008 年、2009 年的（人均纯收入）贫困标准为 1196 元，按照购买力平价测算，只相当于每天 0.89 美元的水平。

大幅提高贫困标准后，中国贫困人口可能由原来的3000万以下上升至上亿。如果这一亿人像印度那样有选票的话，他们的境遇会如此不堪吗？中国古代有一个故事，叫做“切发宴宾”。说的是古时候一位母亲，为了抚养儿子读书，含辛茹苦，倾尽家产，以致儿子的同学来家做客的时候，无钱买菜招待。为此，母亲剪去自己的头发，拿到镇上卖了头发，换回酒菜，招待儿子的学友。

这个故事说明了中国的一个传统：好学，为了未来、为了希望、为了光宗耀祖。因为有希望，所以，才能做到“穷且益坚，不坠青云之志”。

但是，现在的社会把一个多亿的群体下一代人的希望几乎摧毁了。因为无论怎么努力，只要抬眼望望未来的大学学费，普通百姓特别是农民阶层，所有的希望就会变得渺茫，因为无论他们怎么努力，也挣不齐学费。

然而，正是这个群体，正在不断补贴所谓的富人。因为没有钱，因为未来有太多的地方需要花钱，倒逼这个群体开始存款，积少成多，集腋成裘。经济增长或不增长有自己内在的动力，要让市场按规律来自行调节，而政府强行拉动经济增长，又根本没有什么切实可行的措施，不断发行货币，最后导致货币巨幅贬值，通胀全面爆发。最倒霉的，是这批一亿穷人，他们没有任何投资，也不会做通胀避险，只能硬碰硬，让资产全面缩水。

未来这个群体将是导致中国社会长期动荡的最大因素。

80后前途不妙

我们再来看看新生代。

我们中华民族最大的希望是未来，未来属于年轻人。那么，我们给年轻人提供了什么样的生存环境呢？后果是什么？这难道不值得人们思考吗？从1989年开始，既得利益阶层从社会的各个层面向年轻人展开高压，摧毁中国社会的道德体系，动摇年轻人的民主意识，在经济上残酷压榨年轻一代，逼迫年轻群体不得不拼命赚钱，因为不赚钱就可能危及下一代人的生存，大家千方百计，只求赚钱。

于是，80后集体沦陷，90后惨遭涂炭。

80后成为中国城市最大的贫困群体，他们的境况，将要比中国那一亿贫困绝对贫困群体更加悲惨。何故？

80后有一半人要背负高昂的房贷，这是一件很残酷的事。

在国际上，房贷占家庭总收入30%是社会稳定繁荣的基础。但是，中国城市的白领家庭平均房贷占据家庭收入的50%，一半收入被房贷拿走，有的人，特别是那些在高位买房的人，房贷甚至占收入的70%。他们本来是消费最为活跃的群体，房贷拿走了收入的大半，他们怎么可能引领消费？

这样，中国的消费市场被引导成一个极端扭曲的市场，3000元一瓶的茅台，2000元一袋的榨菜，1.6万元一晚的三亚海景房，1000万一辆的宾利，1亿元一栋的别墅，常常遭到哄抢，当然也包括天上人间一晚1万，480元人民币一瓶的拉菲卖到6万的极端富豪消费，也有大排档、洗脚屋、洗头屋、量贩式KTV的长盛不衰，而引导消费前沿的新潮生活方式和时尚消费，动能逐步衰竭。新的观念、新的思潮、新的创意在中国城市逐步逃遁，时尚界死水一滩。

失去活力的80后，人人为一点薪水辛苦打拼，结果却跑不赢通胀。

这且不说，由于社会诚信缺失、道德崩溃，什么假的都被80后遇上。

从三鹿的三聚氰胺开始，引起社会的强烈震惊。蒙牛在香港公开宣布，销往香港的奶粉和大陆的不同，是专为港人生产，完全可以放心。80后们正处在生育的高峰，遭此迎头痛击，集体表示强烈抗议，对伊利、蒙牛的行为进行谴责，可是，管理层居然无动于衷。试想，连婴儿的奶粉都是有毒的，让他们还敢相信谁？

他们考上大学后，很多人遇上教改，国家不包分配，一批80后成为教改的实验品，一些年轻人遭遇了“毕业即失业”的迷茫，对曾经的梦想感到不确定，同时，很多人意识到，上大学并不一定能改变命运。

相当一部分80后们，大学一毕业，遇上北京住宅限购，祖宗三代好不容易凑齐首付款，政府下令：无论如何，五年后才不能买房。按现在的通胀水平，5%的缩水率，首付款等到五年后至少要缩水30%。如果房价不下降30%，他们又被剥夺五年权利而不能买房，他们就算祖宗三代凑钱也无法买房。通胀，成为老百姓心头的永远之痛。

我试图在微博上引导大家对居住观念问题进行探讨，于是，我转发了一篇微博：

1998年，马化腾等5人凑了50万创办腾讯，没买房；1998年，史玉柱借了50万搞脑白金，没买房；1999年，丁磊用50万创办163，没买房；1999年，陈天桥炒股赚了50万，创办盛大，没买房；1999年，马云等18人凑了50万，注册阿里巴巴，没买房，如果当年他们用这50万买了房，现在可能连贷款都没还完。

这篇微博引起过激烈的反响。然而，中国的现实是，80后现在想当老板的少了，那种创业的冲动和激情少了，原因之一是中国实体经济环境太差。还有一个原因是，现在创业的成本相当高，很多人无法企及，门槛也很高。

于是，整个80后群体，从文，文化禁锢；从商，经商艰难；从政，一窝蜂考公务员，而公务员上升的阶梯并不完是依赖个人品行和才干，关系很重要。前途，一片灰暗。

蓝领工人逃离城市

中国的蓝领工人生存环境也极为恶劣。

郎咸平说过："世界上每小时人均工资数第一名是德国，大概是30美金，第二名美国，大概是22美金。中国比泰国还差，泰国还接近2美金呢，中国才0.8美金一小时，位列全世界最后一名。虽然中国的工资水平不行，在全世界垫底，但是中国有排第一名的，那就是中国的工作时间，一年的工作时间竟然长达2200个小时，美国跟中国比差远了，只有1610小时，荷兰最低，只有1389小时，日本稍高，是1758小时，巴西、阿根廷仅次于我们，分别是1841小时和1903小时。中国的工人，拿的是全世界最少的工资，但工作时间却是全世界最长的。多么勤劳的民族，多么可怜的民族！"

现在的问题是，他们的收入增长，已经远远落后于通胀的水平。生活，对他们来讲，不是什么步履维艰的问题，而是根本没有希望。

刘易斯拐点已经出现。宏观经济学上的一切预示经济衰退的信号，在中国的2011年全部出现。而管理层不是在纠正这些，却反复提出维护高增长。现在的问题是，越是高增长，就越是加剧通胀。因为所有的增长，都是依赖货币推动的，大量发行货币的结果只能是各种商品价格上涨，经济形态将更加扭曲。

蓝领工人潮水退潮般不见了。

留在工厂里的蓝领工人处境也不好。首先是他们晋升和加薪的机会，在未来几年基本上没有希望，再努力也不可能增加收入；二是随着生活成本的提高，拿回家的钱越来越少；三是子女教育、医疗保障和其他生存环境得不到改善。

中国应该鼓励蓝领工人自发地产生真正的工会组织，除了这条路，没有第二条路可走。在工人收入和子女教育、生存环境无法改变的时候，很多蓝领工人将会选择返乡当农民的生活，而不会继续徒劳无益地在工厂打工。

第三节
我们如何应对贫富分化

追求公平是中国几千年的大传统

如何看待基尼系数？如何看待中国社会的贫富分化？这是我们这个时代无法回避的问题，不管是投资人还是实业家、律师、经济学家或者财经人士，我们一定要有一个清醒的认识。我们不能等、靠、要地依赖政府来建立社会财富的平衡机制，我们应该主动来化解贫富分化的问题，用自己的力量来救助穷困群体。

一位网友说：中国已经超过日本成为全球第二大奢侈品消费国，美国金融危机后中国富豪数量也是世界第一。贫富分化的现实说明中国的社会财富正以瀑布般流速向少数先富阶层集中，马太效应已到巅峰状态。而众多工人、农民等城乡工薪阶层的工资收入长期低位徘徊，还要忍受高房价、高物价、低保障、社会诚信和公平正义屡屡被挑战和被打破的恶劣环境。举个简单的例子，巨富们可以合理合法地避税，而老百姓只能老老实实地上缴个人所得税。这里面当然不包括这50多万富人，何况他们当中很多人已经移民海外了。

这是现实。

我们无须与其他国家计短长，让我们来看历史。

自中国有陈胜吴广以来，“苟富贵，勿相忘”就是一面旗帜，旌旗起处，人心思变，其力无比；中国近代史上，每一次农民暴动，都是从“打土豪、分田地”开始，再强势的军阀、官僚最后都落荒而逃；在中国现代史上，每一次通货膨胀，无一不伴随着剧烈的社会动荡，而后经济陷入十多年的萧条。

好在历史是进步的。

郭美美事件是对中国式腐败行为的一次全民大批判，痛快。

更多的郭美美事件被批露出来，能让工人农民少一点牺牲，让网络的力量充分体现，让网民的热情改变中国。

历史如果这样选择，我们，义无反顾。

创立中国乡村穷困家庭救助基金

基尼系数，是我时时关注的数据。这个数据是社会稳定的风向标，是我们在国内资本市场制胜的法宝。在牛市中，谁都会赚钱，但是，在社会变局面前，能够全身隐退，才是最后的胜者。

如果中国的基尼系数突破 5.6，那我们就什么也不要做了，股市楼市都会崩溃。中国社会将陷入长期的动荡之中。

为了避免这个局面出现，我们将尽自己的绵薄之力，为中国社会做一点事。

我的想法是：既然我们已经知道贫富分化极为严重，有识之士应该联合起来做一点实实在在的工作。

让我们先看看尤努斯。

1976 年，尤努斯走访乡村中一些最贫困的家庭。一个名叫苏菲亚的生有 3 个孩子的年轻农妇，每天从高利贷者手中获得 5 塔卡（相当于 22 美分）的贷款用于购买竹子，编织好竹凳交给高利贷者还贷，每天只能获得 50 波沙（约 2 美分）的收入。苏菲亚每天微薄的 2 美分收入，使她和她的孩子陷入一种难以摆脱的贫困循环。

这种境况使尤努斯异常震惊，尤努斯写道："在大学里的课程中，我对成千上万美元的数额进行理论分析，但是在这儿，就在我的眼前，生与死的问题是以'分'为单位展示出来的。什么地方出错了？！我的大学课程怎么没有反映苏菲亚的生活现实呢？"

孟加拉国当时的基尼系数正在5.2上方，和中国现在差不多。尤努斯先生选择的办法是，建立乡村银行，救助穷人。他的努力获得了国际社会的认可，得到了联合国的认可，后来，获得了诺贝尔经济学奖以及60多项国际荣誉。

现在我们也在努力。

我正在上海联合两位上市公司大股东、一位大律师和一群财经界人士，创立中国乡村穷困家庭救助基金。我们准备用一年的时间，在中国十个省中选择十个自然村，作为救助对象。在取得成功经验的基础上，逐步推广。

之所以选择自然村，主要是基于一些社会因素的考虑：一是行政村涉及选举，我们在救助穷困家庭，难免会陷入其中，有违我们救助穷困群体的宗旨，而自然村不涉及选举问题。二是行政村涉及面广，不利于将救助行为落实，而自然村可以实实在在落实我们的救助行为。

根据中国国情，我们的救助行为重点在于对穷困家庭的帮助和子女教育、医疗保障上，切实解决他们生活当中遇到的经济困难。

我们希望用我们的努力，为我们的社会发展做一点积极推进的尝试。

请站出来，帮助一个个真实可感的个人

在贫富日益分化的今天，救助穷困家庭应该成为全社会的普遍行为。

这种行为的目的和意义，不是慈善，也不是为了帮助政府改善因为经济增长而导致的负面作用，而是充分体现人伦关怀的普世价值。关注他们，帮助他们，其实是在救助我们自己，挽救一个社会渐渐失去的良知。

在中国，在社会财富缺乏平衡机制的情况下，民间力量有发挥救助行为的空间和机会。

踏踏实实地救助穷困，不只是能救助穷人，更是救助我们自己，救助我们这个时代。

因此，我们为的是良知。至于我们能做得多大，能救助多少穷困群体，取决于我们的能力。我们的想法是，一件小事一件小事地做好，比坐而论道强；帮助一个一个真实可感的个人，比海吹胡侃奏效。所以，我们并没有考虑前景，只考虑自己当下能做多少事。

但是，无论将来会有多少变故，这个社会的贫困在长时期内将无法消除。因为在未来，中国贫困的本质根源不消除，就会不断产生新的贫困，而且将会有越来越多的人卷入贫困之中，饱受磨难。并且，看不到未来，看不见希望。这个群体发展到极致时，中国社会的动荡就将在所难免。

救助贫困，将会成为我们代代相传的基业，我们希望创立一种模式，为解决中国的贫困做出一点努力。但是，贫困根源的消除在于社会制度的变革，在于全社会的共同努力和历史的选择。如果，历史给中国的选择是磨难，那么，更多的人需要站出来，为中国大众的安居乐业，展开社会救助行为。

尽管我们目前开展的救助行为将要持续许多年，尽管这种行为备受诘难，尽管这种行为的效果还要受到考验，我们将百折不挠。

第6章

GDP——从被膜拜的神殿回归常态

导读：国家的强大到底靠什么？

中国的GDP一直备受诟病，被批判统计数据虚高，人为夸大成果，将一些国际上不认可的统计方法，纳入GDP之中，然后，到全球去充老大。

何为最大？数据庞大，为最大？

这个问题的答案，其实很简单。面对人生、面对民族，人类最大的诉求是宇宙和自然，数据是一种虚妄，只是人的工具。一个有着光辉历史和大智慧的民族，应该把全人类的诉求当做最大的诉求，而不应该去把一个人为的完美数据当做最大的诉求。将统计数据当做衡量短期宏观经济变化的一种工具可以，中小投资人将其当做实际操盘的参考也不错，但是，对于一个国家一个民族而言，就不必太在意数据。

中华民族必须明白，在这个地球上要做强做大，必须是每个国人的内心的强大凝聚而成，一个人一个团体的强大放到国际上都是十分渺小的。西方发达国家之所以500年不衰，就在于它们培养的恰恰是这样团结一致的强大，所以，美国谁当总统并不重要，因为总统也只是一个普通的个体。

所以，我认为不要单纯追求什么GDP，而要让这个数据回归常识。

GDP的面纱，我将一层一层的为大家揭开，看看中国的GDP究竟是怎样的面容。

第一节
中国 GDP 究竟有多少

本来这事儿跟老百姓没多大关系，GDP 只是宏观经济的一个数据，老百姓关注的恰恰只是微观经济。作为一位财经专栏作家，我所考虑的是，中国的 GDP，问题究竟在什么方面？我们究竟如何才能改进？我们该如何来看待这些问题？未来我们该如何解决这些问题？

第一个问题：GDP数据测算虚高

2011 年上半年中国 GDP 总共 204459 亿元，增长 9.6%。国家统计局的这个数据发布后，立马传出各省市上报的 GDP 总数与此相隔 2 万亿的消息，地方政府普遍多报。

所以，我们主张以后只统计实际 GDP 数据。国际上很多国家统计 GDP 数据时，常常把这两个数据分开公布，名义上增长多少，实际上增长多少，一目了然。而实际增长多少恰恰是最重要的，这关系到国民财富是增加了还是减少了的问题，对于调结构扩内需的宏观经济决策非常重要。就这个问题，有的经济学家常常将 GDP 对应货币的增长，有的将 GDP 对应通胀率，有的对应 CPI。我觉得我们中国要考虑本国国情，采取对应 CPI 的计算方法，适当对应 M2 的方法。实际上近 5 年来，中国 GDP 实际上处在负增长状态，是在透支国力和民财。

实际情况是，2011 年上半年 GDP 增长 9.6%。如果考虑 M2 的因素，M2 在上半年增长 15.9%，高于 GDP 的 6.3%，实际财富增长只有 3.3%。这和欧美实际 GDP 的增长差不多，与发展中的国家身份不符。

我们没必要去追求那种虚高的增长，而应该致力于实实在在的增长。

第二个问题：外汇储备属于重复计入GDP

我们将整个出口计入 GDP，是不符合经济数据统计原则的。我在《中国通胀，世界通缩》这本书中，用了 1 万多字论述 GDP 数据统计的各种方法，是比较客观和理性的。就外汇储备来说，它实际上是由许多笔没有完成的交易所构成的。

在这些交易没有完成之前，把合同交易额没有收回的部分当做经济总量统计进去，是不符合统计原则的。这直接造成了 GDP 数据的不真实性，误导了宏观经济的决策，也让很多投资人误判了市场。

社会舆论和许多经济学家就此发表过许多看法，质疑声不绝于耳。

老百姓只知道，他们没有享受外汇储备带来的任何好处，因此愤愤不平；经济学家停留在理论上的论证，而忽视在实际操作中中国人一贯投机取巧的毛病，因此，没有找到合理的解决办法。

现在想一笔一笔地结算这些外汇储备已经不可能。如果我们务实一点，那么，对外汇储备不计入 GDP，不管多少年的合约，都认真地一笔一笔执行完，外汇储备的数据就能为国计民生服务，也能列入调控范围，过于庞大的外汇储备，一定是因为整个出口贸易出了问题，一定要设法解决。对整个市场来说，外汇储备不仅没有给国家带来好处，反而成为国际资本嘴上的肥肉。对外，随着人民币的升值，外汇储备实际在不断缩水；对内，导致多发货币，引发了恶性通胀。对国家没有益处，对百姓没有好处。

所以，外汇储备是没有理由计入 GDP 的。如果将来有一天，外汇储备处理完了，才能说，整个进出口贸易完成，这时才能将其计入 GDP，而且是完成多少，计入多少。

这样，中国 GDP 总量应该减去当年的外汇储备增长量，最终 GDP 将下拉 1% 左右。

第三个问题：房地产是重复计入的GDP

为什么地方政府热衷于房地产？其实，房地产是我们中国这样的一个大国最大的忧患。因为房地产拉动的 GDP 全部是重复计入的 GDP。

今天拆这里，后天建那里。今年提出“三年大变样”，后年来个大跃进。重复建设，浪费民财，结果必然导致社会动荡，民生不利。但恰恰是这样的 GDP 成为许多地方的主导经济来源，致使高耗能高污染产业遍布全国。中国消耗了全球 40% 的钢材和水泥，让过剩的产能更加过剩；中国破坏了气候和环境，让各大城市旱涝不断。

第二节
读懂全球GDP

全球GDP主要集中在欧美和新经济体国家。遗憾的是，这些新经济体国家同中国的日子一样很不好过。GDP是上去了，但通胀也发生了。是GDP问题呢？还是货币的问题？一个个问号随之升起。那么，全球GDP的分布究竟如何？未来五到十年全球GDP究竟将来自何处？

GDP为什么以美元定价？

全球GDP的分布，与全球经济架构有很大的关系。400多年前，英国开始第一次工业革命以来，“日不落帝国”的殖民地逐渐扩张，顶峰时达到本土的117倍。

当时在全球各地，都有英国的殖民地。自然，英国当时的GDP一举成为全球老大。我们华人为英国惊呼时才知道，所谓工业革命，其实在我们老祖宗的明朝万历年间就出现了，所不同的是，明朝的中国最后走出了一条与英国相反的道路，英国疯狂扩张，在全球掠夺财富；而中国是在窝里斗，先是地方贪官纷纷和商人勾结去掠夺普通平民的财富，后是朝廷对贪官大开杀戒，最后，贪官反下去了，同时也扼杀了资本主义的萌芽。这是盛世大唐后的中国迅速走向衰落的一个主要原因，也是封建体制无法适应资本主义发展的一个历史渊源，还是资本主义无法在中国兴起的分水岭。

当时的社会环境下，只要有银子，在官场上就会一帆风顺，而要有银子就必须和那些工厂作坊老板们混在一起。逼得朝廷只有下狠手，才能刹住这股贪腐歪风。

然而，那时的英国，推翻了英国的封建专制制度，建立了资产阶级和土地贵族联盟为基础的君主立宪制度。在制度上，比中国先行了一步，使得上层建筑适应了经济基础的发展。中国的封建体制随后沿袭到清朝结束，因为官员腐败，引发了社会矛盾，八国联军的侵略战火，更是让当时的封建体制摇摇欲坠。而英国当时的资产阶级利用国家政权加速推行发展资本主义的政策和措施，促进了工业革命各种前提条件的迅速形成。为后来向全球掠夺财富，打下了很好的基础。

我们可以设想一下，当时，万历年间如果不是因为僵化的体制，阻扰了社会进步，而是放手发展工业，那时的中国何至如此？

紧接着，英国对全球财富的掠夺，带来了本国经济的迅速扩张。大英帝国在国内实行国债制度和消费税政策，积累了巨额财富，为工业革命提供了必须的货币资金；大规模的圈地运动，为工业革命提供了大量的“自由”劳动力和广阔的国内市场。于是，当时的英国GDP急剧增加，一跃为全球第一。

200多年前，作为美国第一任总统的华盛顿开一代风气之先，坚决放弃第三次竞选总统，毅然返乡，回乡务农，保护了民主政体制度的完整，促进了经济的繁荣。在华盛顿执政期间，美国经济开始崛起。

一个整体性的，广受社会瞩目的庞大的新兴社会阶层——后来被称为中产阶层，在美国社会迅速崛起。军事、科技、经济、文化全面振兴，引领了全球社会发展和经济繁荣。尤其是二战以后，新思潮、新风尚、新创意迅速兴起，美国社会充分体现出空前的活力。美元，也成为一个时代的美好象征。

其实美元出身草寇，并无英镑那般高贵的血统。说起来很多人不会明白，美元起源于现今的捷克共和国。那还是在1519年，位于Joachimstal镇（意为 Joachim山谷，源于德语“Tal”，意为“山谷”）附近的一座银矿开始制造银币，银币的名称，被不假思索地取名为Joachimster，这种银币广泛流通，后来名称简化为“taler”，变得更加有名。在荷兰及德国南方，taler一词开头的辅音常常软化而变成 “daler” 。英语采用了这一形式，最终其拼写为现在的 “dollar”一词的形式。

直到1785年，美洲殖民地大会才确定了美国货币。

一路走来，直到今天，经过无数艰难和曲折，美元迅速壮大，超过英镑，取得绝对统治地位。在全球经济互相交融以后，一举取得全球GDP的定价权。

全球GDP的运行和分布

历史的画卷徐徐展开时，我们首先看见的是一片蓝海。欧美等国在近一个世纪以来，在经济发展方面突飞猛进，强烈地吸引了国人的目光。那里是蓝海呀，那是GDP呀，是财富。于是，以经济建设为中心，“对外开放，对内搞活”的口号，传遍神州，响彻云霄。

发现蓝海，给中国人带来了新的希望。那么，中国如何看待GDP呢?

全球GDP已经形成独特的运行法则。这就是WTO（全球世贸组织）、IMF（国际货币基金组织）和WBG（世界银行）。这是全球经济的三驾马车，有着卷轶浩繁的各种法则，促使全球经济的正常增长和平稳运行。现在来看，我们是在还没有完全读懂这些规则的情况下，就迫不及待地加入了WTO，表示遵守这些规则，吃亏之处，势在必然。

这扇窗口一打开，我们才发现全球主要GDP的所在，那就是各个国家的海岸线。于是，我们把沿海对外开放，走向有中国特色的蓝海战略。

紧接着，一个更加吸引中国的宏大构想促使中国将 GDP 增长视作全国战略。这个构想就是美国提出的金砖四国。一般认为，最早提出“金砖四国”这一概念的是美国高盛公司，2003 年 10 月高盛公司发表了一份题为《与 BRICs 一起梦想》的全球经济报告。报告估计，到 2050 年，世界经济格局将会经历剧烈洗牌。全球新的六大经济体将变成中国、美国、印度、日本、巴西、俄罗斯。“金砖四国”这个词是高盛公司的吉姆·奥尼尔于 2001 年首次提出的。“金砖四国”（BRIC）引用了金砖国家领导人巴西、俄罗斯、印度和中国的英文首字母。由于该词与英文中的砖（Brick）类似，因此被称为“金砖四国”。后来，加入了南非，形成了现在的金砖五国。

各国对此有不同的理解和态度。然而，中国欣喜若狂，因为这等于为中国拉动GDP增长找到了最大的佐证和依据。

所谓“金砖五国”，其本质只是国际资本大鳄的炒作，对于未来 50 年的趋势预测，可以作为参考，但是，不能将之作为一国战略。因为这种 GDP 的流向不符合欧美的利益，不符合全球经济运行的规则，也不符合经济的规律。但是，一场拉动 GDP 增长的运动，就这样开始席卷华夏大地。

从经济发展的规律来看，资本主义经历了三个阶段：圈地运动、产业资本和金融资本阶段。欧美已经发展到了金融资本阶段，而打比方地说，中国还停留在圈地运动阶段，是资本主义发展的早期阶段，也是原始资本积累阶段，全球财富怎么可能流向四个新经济体国家？怎么可能大量流入中国？门儿都没找着。

当然，金砖五国拥有全球30%的领土面积和42%的人口，这是一个极大的优势，但是，这种优势不能决定财富将会增长。理论上，根据社会科学文献出版社发布的《新兴经济体蓝皮书：金砖国家经济社会发展报告（2011）》的表述，按照市场汇率估算，金砖四国（不含南非）的GDP（国内生产总值）总量将从2008年占世界份额的15%上升到2015年的22%——四国经济总量将超过美国，同时四国的GDP增量也将占世界增量的1/3。但是，实际上到底是怎么回事，什么也不好说。

事情发展到了现在，我们在加入WTO 13年来，创造了很多财富，其中，还有3.2万亿的外汇储备。严格说，对于中国来讲，外汇储备还没有完成交易，人民币一升值，外汇储备就面临缩水；一遇金融战，外汇储备敞口最大，风险自然也最大。所以，这不能算是国内社会财富的增加值。

很显然，国际资本大鳄不会放过金砖四国，不久的将来，他们将对金砖四国展开金融战。关于这场战争，我将在其他的著述中来预测，那必将是惊心动魄的。

从目前情形看，国际资本对这个国家正在进行备战。

他们的第一步，是让这四个国家，保持通胀。

通胀，可以让美元在无形之中，掠夺全球财富，实现全球财富的再分配；通胀，可以让这些国家付出劳动力成本，为欧美国家提供廉价劳工；通胀，让新经济体国家民怨沸腾，让社会处在不安之中，长期下去，衍生变局。

他们的第二步，是针对不同国家的金融弊端，针对不同大小的风险敞口，发动有史以来规模最大的金融战，以震撼全球各国货币对美元的攻击。这一次的金融战，是美元的绝地反击，由十年的低谷奋起，重展美元的雄风，为维护本世纪美元的霸权打一场人类历史上金融领域里的珍珠港之战。

经过第二步，全球GDP格局形成，50年不变。

2010年全球GDP重新布局

2010年，全球GDP排名为：美元一年14.6万亿，欧元13万亿，紧随其后，日本、中国、印度位列前5位。

经此一役，全球GDP重新排序。这个格局，未来50年不会产生大的变动。

中国短期内很难在货币上做大，因为GDP不仅只是经济总量，也是经济繁荣、社会发展、国防实力的体现。在美元历史上，不可能有其他非美货币争霸的格局，这会影响全球经济格局，是美元坚决不允许的。欧元，已经经受了美元的两次攻击，本世纪将要经受美元的第三次攻击，最后的结局，很有可能就是崩溃。

人民币不可能有实力和美元抗衡，更何况，就现在的币值而言，根本不可能打金融战。不战自溃，是人民币唯一的结局。除非我们有本事让人民币不贬值。对此，人民币完全做不到。因为不管CPI是多少，人民币都将处在贬值的通道上。

第三节
中国崛起，应该追求什么样的GDP

之所以要了解GDP，是因为GDP结构不同，各国经济的含金量自然不同。

一个网友跟我说：在1840年清政府统治的时候，满清的GDP是英国的六倍，占世界GDP总量的三分之一，结果让英国人打得一溃千里。这是为什么呢？看一下GDP构成就见分晓了。满清的GDP是什么？无非就是茶叶、瓷器和丝绸罢了。英国人的呢？是侵略得来的资源，是火枪、是大炮、是战舰。这场战争还没有打，胜负就已经见分晓了。

一个小小的发问，提出了一个大大的问题，那就是GDP不仅仅是GDP，而且是一件关乎国计民生的大事，值得我们认真掂量。

美国GDP的构成越来越轻

从最近40多年来美国GDP构成的变化看，美国经济不断轻型化，制造业在美国经济中的重要性不断下降，私人消费占比不断上升。在美国GDP构成中，私人消费占70.83%，政府采购占19.92%，投资占14.45%，净出口为-5.2%，私人消费和政府采购占美国GDP之比合计高达90.75%，消费为主的经济结构特征表现得非常明显，而以金融业为主的服务业在美国GDP中的比重上升尤其快。

从以上GDP的构成上，我们明显可以看出，美国才是一个真正强大的民族，是真正的国富民强的代表，GDP中私人消费占绝对最高值，表明真正的财富在私人手上，没有私人的消费，就不可能有美国的GDP增长。

从产业划分上看，美国农业占GDP的0.9%，工业占20.6%，服务业占78.5%。

在服务业中，包括金融产业在内的高端服务业，在全球无出其右。累累在金融战中斩获甚丰。

这些年来，美国能耗一直在下降，从2000年的35%一直下降到21%，是真正在减排。而中国只是嘴上承诺减排，实际上能耗一直在上升，占GDP的比重从2000年的8%上升到16%，整整翻了一倍，新增需求占全球的35%。

所以，美国GDP才是真正的强大。

有水分的GDP

我们先来看看2010年，中国GDP的构成：2010年国内生产总值397983亿元，比上年增长10.3%。其中，第一产业增加值40497亿元，增长4.3%；第二产业增加值186481亿元，增长12.2%；第三产业增加值171005亿元，增长9.5%。

第一产业增加值占国内生产总值的比重为10.2%；

第二产业增加值比重为46.8%；

第三产业增加值比重为43.0%。

那么，中国的GDP是怎么构成的呢？我们来看看：

中国2010年的GDP中，内需对GDP的贡献率为9.5%，外需对GDP的贡献率为0.8%。分别来看，2010年中国最终消费对GDP增长的贡献率为37.3%，拉动GDP增长3.9%。资本形成（投资）对GDP增长的贡献率是54.8%，拉动GDP增长5.6%。货物和服务的净出口（外贸）对GDP增长的贡献率是7.9%，拉动2010年GDP增长0.8%，加在一起是10.3%。

连续三年，最终消费占GDP的比重从42%一直下降到37.3%，说明这三年社会购买力越来越弱，老百姓越来越穷。经济增长并没有带来社会财富的增加，没有让老百姓享受到经济的繁荣。

没有能力消费，如何能促进生产？

如果在资本市场上，换一个角度看待中国的未来，只有扩大消费才能拉动经济增长，那么，消费类的股票将有广阔的成长空间。

再来看看占GDP权数最大的是什么，是投资，占GDP的54.8%，占GDP的一大半。世界上曾有这样的GDP吗？亘古未有。

什么才是真正的GDP?

光看数量，我们已经超过日本，遗憾的是，仅仅只是2010年。2011年能否超过日本，还是两可之间的事。有两大因素，将决定日本2011年GDP总量能否重新跃至世界第二位。

一大因素是汇率因素，从目前情况看，人民币兑美元升值3.3%，预期全年升值6%，而日元兑美元全年走势不明了，但是贬值是大趋势，预期日元全年将贬值7%左右。这一升一贬，相隔了13%。由于GDP是以美元计价，汇率因素将导致日元增加7000多亿美元。

第二大因素是中国经济减速，预期GDP增速仍然在9.5%左右运行，而日本GDP预计只有6%的增长，相隔大约1500亿美元左右。

这两大因素决定了日本比中国多出5500亿美元左右的GDP，而2010年中国GDP仅仅只是比日本多出4000亿美元。2010年日本GDP是5.474万亿美元，中国是5.879万亿美元。而中国当年的GDP增长，主要是依靠印钞票拉起来的。

即便是有一个大的总量数据，又有什么用？美国GDP的构成是什么？是航空、航天、电子、船舶制造。他们能自己造航空母舰，造战斗机，造军舰；那么日本的GDP又是什么呢？是电子业、汽车业；现在俄罗斯的GDP构成也是航空工业和机械制造业等。所以现在俄罗斯依然是大国，所以俄罗斯敢这么硬，梅德韦杰夫敢去与日本有争议的岛屿视察，所以美韩军演的时候俄罗斯敢派战机到老美头上转圈圈，而美韩马上就知趣地停了。为什么呢？实力在那摆着呢……而我们中国的GDP构成是什么呢？是世界加工厂、是工人的廉价劳动力、是廉价的日用百货、加上对环境的破坏和房地产。其中呢，房地产（其实就是政府卖地皮）就占了GDP总量的三分之一。真正一打起来，就全露陷了。

所以，真正的GDP就是以消费拉动增长的模式，最为靠谱。这是实力的象征。

第四篇

经济大趋势无法逆转

只有经济规律不可撼动

历史的潮流浩浩荡荡，顺之者昌，逆之者必亡。

用数理逻辑分析现在，用经济规律展望未来，是我们每个人必做的功课，只有自己修炼到家了，才能在资本市场上立于不败之地。不管是什么力量，即便是可以使资本市场一时间疯狂，最终也必将受到经济规律的惩罚。而经济规律是市场疯狂波动最无情的杀手，必将把疯涨起来的价格打回原形，从来就不会留任何情面。

所以，我们可以对人为的处事方法表示不敬，但是，对经济规律一定要保持敬畏。因为只有规律是不可撼动的。

最高明的大师，最有贡献的经济学家，也只能对经济规律作出新的解释。不可能还有人能够创造规律，因为规律是市场运行到一定历史阶段所形成的真理。对经济规律的敬畏，就是对真理的尊重。

为了维护一小部分人的利益，牺牲全民的利益，然后从制度设计上设法奴役大多数人的做法，必将受到谴责。而积极鼓励市场创新，保护好个人财产，建立社会财富的平衡机制，让土地财富实现全民共享，让官员的财产全部公开，是我们必须要迈出的第一步。这是大的趋势，不可逆转。

货币的走向

有纸币的存在，就不可能消灭通胀。然而，人类世界的发展，只会向前进，绝不会朝后退，因为后退是没有出路的。从货币角度来说，后退意味着承认黄金的货币功能，意味着大家应该一起来铸造金币，重新启用金币的流通功能。大家想一想，可能不可能？我只能说，完全不可能。但是，我们要消灭通胀，有没有办法？我想是有的，那就是全球性实行电子货币，哪个国家的货币贬值，所有的人都可以通过货币市场（等同于现在的外汇市场），一起来赚这个国家的钱，那么这个国家肯定要瓦解。

所以，没有一个货币单位敢于搞通胀。电子货币，是未来人类发展的唯一路径，与黄金绝不相干。

资本的流向

资本是有属性的，其属性只有两种：投资性的和投机性的。从投资性的资金市场来看，未来资金流向美元资产是必然的，经过这一轮货币洗礼，全球优质的货币资产已然不多，美元结束十年熊市重新走强成为必然，美元资产重新成为资金首选。从投机性资金来看，除欧元外，其他非美货币将成为美元攻击的对象，人民币被列为首选。

从国内资金流向看，作为国家战略投资市场的应该是股市。没有股市的全面启动，生产型企业就缺乏资金来源，无法扩大规模。生产羸弱，无法扩大就业，社会就会从此动荡；消费力下降，整个经济体将陷入长期通缩状态。于国于民，皆无利好。只有启动股市，着力引导价值投资，才能回归股市对经济的拉动功能。

此外，中国的外汇市场应该启动了。外汇管制必须有所放松，不能只让一些人独享。如果外汇市场放开到每人 20 万美元的购买额度，将要吸附很多资金，做到藏汇于民。

目前，国内民间有些资金正在流向中小企业，这也是一件好事。不要再炒楼了，这次房价一定有一个巨大的调整，而中小企业正在洗牌，这次高利贷风波加剧了中小企业的重组和并购，也能吸附大量资金，我们最应该做的是发展生产，切实解决就业问题。

产业的新天地

这两年，中国经济误入歧途，忽视了一个最重要的产业，那就是第三产业，第三产业在很多方面已经被印度、巴西等国抢占了市场，重新夺回来已经是难上加难。目前，在中国的第三产业中，最能拉动经济增长的是金融产业，预期2012年，这一块会最先启动，将来的理财产品、金融培训、投资顾问、私募基金等都将进一步放宽。印度已经有先例，中国跟进就是了。

家政服务业这两年也有长足的发展。不过，服务水平实在令人不敢恭维，还有很多值得改进的地方。第三产业所涉及到的方方面面非常多，印度把软件外包也是值得我们在做第三产业的过程中借鉴的，因为我们一直把软件外包当做制造业，放在IT产业里。

美国的第三产业占GDP比重的72%，印度2008年时第三产业只占GDP的58%，现在已经占70%，中国第三产业占GDP的比重只有37%，空间非常广阔。也只有第三产业才能成为中国经济的新引擎。

本篇我将就目前资本市场的走势及操作，作一个基本的分析和研判，供所有读者参考，并将就未来的经济发展趋势和财富流向，发表自己的意见。

第7章

在资本市场高处逃顶

一直以来，我都在思考，中国投资人为什么总是做着违背常理的事，越到高位，越是有人跟风，即所谓的追涨杀跌。要知道，人生最大的智慧，就是在高位保持理性。越是高位，越是考验一个人的胆识和谋略的时候。

我经常讲，美国有今天的强大，与华盛顿高位时飘然而退有关。试想，一个开国总统，连任两届后，说退就退，而且，在位时没有为自己谋一点私利，退下来就返乡务农，这是一个多么高的境界。华盛顿高位而退，美国并没有因此而衰落。

我有很多朋友是民间高人。我每有大事，都会找他们请教。因为今年要出版两本书，这两家出版社的编辑都要求我提供个人照片。我平时不怎么照相，也没有合适的照片，就临时找人拍了几张照片。朋友听闻后，只和我说了一句话：等你的照片上了书的封面，你的事业就到头了。

再到书店一看，那些用个人照片做书籍封面的个人，基本已经走到事业的巅峰状态，我就赶紧打消了这个念头。写书，重在开启民智，而不是扬名。明白了这个道理，我就释然了：有什么必要把自己的照片放在封面上呢。

踏踏实实做事，老老实实做人。这是至理名言呐。

道理很简单，但是，任何人对各自目标的预期都不一样，也就是不知道自己的高位在哪里，脑子里一片混沌，这就很难达到预期的高位。

我们处在一个混沌的时代，我们对经济的把握，仅仅只是对数据的把握，不能完全在资本市场制胜。当然，外汇市场是个例外，因为外汇市场已经很难操纵。那么，我们在这个时代还必须与时俱进，学会因时因地处理自己的投资问题。

在资本市场上，我们曾经在原油的高位顺利逃顶；在中国股市6124点的行情和3478点行情中，我们分别在5800点和3300点的时候飘然而出。那么，现在我们该如何面对这一轮资本市场的逃顶呢？

导读：人生最大的智慧，就是在高位保持理性

第一节
谁在房价高处逃顶

大炒家基本出逃

在高位逃顶的人，在中国的股市和楼市中，往往是位高权重之人。他们往往以神不知鬼不觉的方式高位出逃，而留下一批中小投资人最后割肉。这是一件很悲剧的事。由于股市易于变现，机构投资人要出逃，中小投资人一眼就可以看出，所以，在高位出逃方面，我们主要来讲讲楼市，因为这主要涉及到众多在高位买房的刚需群体。

这一轮的加息通道是在2010年10月开启的。随后11月，央行发布数据，银行存款储蓄环比减少7000亿。这个数据当时就引起了我的重视，我当时心中的一个问号是：这些储蓄存款去了哪里？

股市波澜不惊，可见很少有资金大量流入；理财产品一时火起，但是，绝大多数人不会选择，也不信任它们，因此，即使有资金流入，据推算一个月也只有区区200亿到300亿之间；拿去放高利贷，会有一部分，也不会在一个月涌入，因为有机构测算，尽管全国很多城市高利贷泛滥，但放贷额度总量不会超过500亿。流入楼市和金市的资金，总额不会超过2000亿。也就是说，还有4000多亿，那么，这么多的钱去了哪里？

一个简单的道理是，卖了房子，还了贷款，钱都流回银行了。只有房地产才会有如此之大的吸附和释放能力。

再看看全国二手楼和新房的销售额，同时放大到一个天文数字，环比和同比都超过40%，达到全年房地产的销售顶峰。再看看后面，紧接着，一线城市宣布限购，北京市主要领导表态，坚决将房价降下来。在市场上，中小投资人还在拼命博傻，而大投资人一个月内就拉高出货，而且，出得干干净净，神不知鬼不觉。

这个顶逃得利索。

第二次储蓄大缩水，发生在2011年4月，当月人民币存款增加3377亿元，同比少增8325亿元，其中，住户存款净减少4678亿元。这些钱到哪里去了呢？除了楼市炒家还贷款外，还有一部分流向了理财产品和信托产品；再就是一部分贷款买房者因为通胀和加息，原先的收入已经不够支付月供，便将存款取出来交月供。还有一大块，是由于楼市炒家的大逃亡。

这一次楼市炒家逃顶也算成功，直接导致的结果是一线城市房价的滞涨，并由滞涨走向普跌。

大的炒家基本出逃，现在留在楼市的炒家只是中小炒家，资产只等缩水。

中国人民银行在2011年8月26日下发通知，计划将商业银行的保证金存款纳入存款准备金的缴存范围，从2011年9月5日起实行分批上缴。这意味着大量资金将被冻结，相当于未来6个月内上调两至三次存款准备金率。其实质意义，远远高于提高存款准备金率，因为同时取消了支付工具承兑汇票，对流动性造成灭顶之灾。房价大跌的趋势就此生成。

不研究M2的投资人，几乎完全不能发现大的楼市炒家的出逃，还在做着住宅保值的黄粱美梦。所以，对许多自住型的买家来讲，有足够的时间选择买点。那么，什么样的市场状态才是买入时机？

再来看看市场。

许多关注何时可以买房的朋友，不要听信开发商的忽悠。房价的拐点是有规律可循的，房价的买点也是市场自动生成的，选择得当，能减少很多损失。下面是我根据6大数据初步判断出房价买点的趋势和时间节点，供大家参考。但不要把它当做买房依据。这个判断建立在2011年9月以前的货币政策和调控政策的基础上，请大家根据新推出的货币政策和调控政策，作出适时的判断，就要更加准确一点。

房价为什么会大跌？答案很简单，贷款买房子，房子升值了，抵押房子，利用升值部分再贷款买房子，房子继续升值，继续抵押。钱从银行借出来，货币被创造出来。现在，过程反过来了，变成为了还贷款，卖掉房子。钱还给银行，创造的货币消失。所以，只要银行储蓄存款大幅减少，那就一定是与楼市炒家出逃有关。这个货币回收的过程一旦开始，后果就是资金链断裂，通缩蔓延，房价大跌。金融证券从业人员都明白这个道理。

那么，银行储蓄什么时候达到最高值？最高值在哪一月份？

我们发现，银行储蓄存款大幅缩水，是在2010年11月，银行存款储蓄缩水7000亿元，市场一片哗然，谁也不知道钱去了哪里。炒家出逃为什么发生在11月份？道理很简单，这一轮的加息通道是在2010年10月份开启的，央行破天荒从一次加息0.27%突然改为一次加息0.25%。也就是真正楼市炒家逃顶的时候，剩下的炒家去玩吧。这一次炒家出逃后，房价还在往上涨，大炒家的逃顶神不知鬼不觉，相当成功。

2012年中国房地产迎来四大拐点

首先我们来看人民币，这是最为关键的问题。

在人民币升值到顶的时候，也是本轮通胀的末梢，同时，在外贸上出现连续三个月的逆差。那么，按常规，人民币将停止升值。这时不仅仅只是买房的时机，也是购买美元的最好时机。这个底部的确认，有三大特征：一是连续三个月的贸易逆差，不管差额多大，这一项指标就当正式确立；二是中美经济和战略和合作关系一直在维持，这个时期内没有大的风波；三是中国的中小出口企业出现大量倒闭的现象。

从时间节点上判断：人民币目前已经升值 3.6%，离 2011 年的预期目标 6% 还有 2.4% 的空间，看来升破 6 元，要到 2012 年的 6 月至 7 月之间。

其次是央行停止加息，这一条表明通胀停止，滞涨开始。

央行加息与否，是有很多数据在支撑的，我们在这里不再赘述。我们所关心的一大数据，因为统计局的变来变去，已经很不可信，不妨让我们将其作为一个参照——其实也没有别的数据可以参照。也就是说，CPI 回到 3% 以下，是央行停止加息的主要依据。管理层要不要央行加息，主要是看 CPI 是不是降下来了。

中国经济有诸多病症，已经不好康复。通胀一结束，来临的很可能将是滞胀。滞胀一开始，全社会购买力会急剧下降，很多人会连工作都不保，有什么心思去买房子？在滞胀中，人们都很迷茫，首先想到的是未来的路怎么走的问题，而不是如何改善居住条件。这个拐点，是一个很令人痛苦的拐点，因为简单地刺激经济已经不起任何作用，只能踏踏实实搞好生产和消费，但是，市场秩序已经被破坏，重新建立要很长一段时间。

第三是刘易斯拐点已经出现，这是中国城市化的一个大拐点。

刘易斯拐点的出现，说明中国的城市化是一种极度虚伪的城市化。简单地说，刘易斯拐点即劳动力过剩向短缺的转折点，是指在工业化过程中，随着农村富余劳动力向非农产业的逐步转移，农村富余劳动力将逐渐减少，最终枯竭。体现在很多企业，就是一涨薪水，老板就要破产；而不涨薪水，就招不到工人。

民工荒现象，就是这个拐点的一个信号。这个拐点已经出现，而且，已经暴露出恶果，直接导致企业破产。农民被诱惑到城市打工，但什么保障都没有。农民工根本就没有因此而积累财富，更谈不上在城市消费，吃喝玩乐，通胀一来谁都消费不起；农民工的衣食住行，无一能得到保障，更谈不上能够在城市买房和长久居住。这样的打工生活，不可持续。这是一种典型的伪城市化。

第四是人口拐点，25 岁至 34 岁婚龄人口将锐减 40%。

摧毁高房价的，最后是人口结构。城市里到处是住宅，但是，有的一人几十套，而农民工和大学毕业生一辈子也根本买不起一套的住宅，还叫做住宅吗？全国 660 个城市空置住宅已经突破 1 亿套，可以供 3 亿人居住。空吧！

现在好了，没有人结婚，没有人需要住房，去炒吧。2011 年 25 岁至 34 岁的婚龄人口锐减 30%，2012 年要锐减 40%，幅度比上年要增加 10%。建这么多房子，完全缺乏战略考虑。想买房子的买不起，也买不到；不想买的，拿着大把钞票把房价炒到令天下人耻笑。到 2015 年，城市老龄化浪潮涌起，高峰期 2020 年，城市消费力急剧衰退，那个时候再来看看现在的作为，这些人还有脸见江东父老吗？

关于人口，我在《中国通胀，世界通缩》一书中，有过完整的表述，这里不再多讲。

除刘易斯拐点外，以上三大拐点都将在 2012 年发生。

房地产市场后续走势如何?

我们首先看见的是第一阶段，是市场的冰冻时期。将要持续到2011年底，政府将要充当房价下跌的救火队，哪个城市快要下跌，政府就会去救火，采取的方法就是限购，冷冻起来再说。房价的表现是不涨不跌，个别区域和楼盘将会有开发商降价出逃，炒家开始割肉，但是，房价不会普跌，经济开始滞胀，通胀有所遏制，时间将会持续到2012年4月。

第二阶段，政府将会去房价泡沫化。政府开始稳住阵脚，试图恢复经济增长。但是，房价不降，通胀不可能得到遏制，住房成本和生活成本持续高涨，压制了全社会的购买力，长期下去将导致经济大萧条，迅速去除房价泡沫，有利刺激消费，拉动实体产业。他们知道，生产是有周期性的，很多工业产品的生产周期需要3～6个月，农产品需要6～12个月，再拖下下去，将会严重影响政绩，所以，在2012年5～10月这半年，房价才会开始去泡沫。这时会有一些便宜的资产投进市场，现金为王；同时，公租房开始启用，租金涨价的历史结束。

第三阶段，房价开始普跌，市场正式进入买点，持续三年左右。95后婚龄到来之时，中国将彻底告别高房价。当年日本房价泡沫破灭，愤怒的日本国民烧毁了大量类似于《楼市》的杂志《炼金术》的情景，将成为房价泡沫最后的葬礼。

但是，房价的跌幅因各个城市而异，可各自斟酌。预期在2012年下半年到2013年之间，将产生一个比较好的买点。此时买房，只要持有现金，将会买到很便宜的资产，五年之内不会贬值太大。不过，大家千万要记住，买房子是自己的事，其他人的意见只能作为参考。

大房产开发商降价逃命

谁在第一个降价销售？是恒大。不错，这个超级地产帝国，老板是2009年的中国首富。同2008年一样，又是第一个出逃。所不同的是，这一次降价没有引发退房风波。

2011年元月，恒大在全国范围内降价，7.5折优惠，单个楼盘有套数限制。据媒体报道：合肥恒大华府楼盘此次推出的优惠为每天的前1～20名折扣7.5折；前21～50名折扣8.5折；50名之外享受9折优惠。在长沙、武汉等地的40多个楼盘，开始实行8.5折销售。

这是跑得早的，所以，降价15%就能吸引购买。但是，到6月份恒大发现销售进度不妙，便搞了一个噱头——内部员工可享受6折优惠，很多7000多元的房子只卖3900元。其实，内部员工拿到指标后，立马纷纷转手，促使很多楼盘实际成交均价下降40%左右。这一次，退房的没有，闹事的来了，前期买房的人提出抗议。

然而，恒大不理会，继续低价卖楼，回笼资金。两个字：逃顶。

再来看看万科。2011年8月份，中报出来了，非常难看。尽管业绩还在增长，但是，现金流不畅，负债率在提高，房价明显下降。为了吸取2008年的教训，万科早在春节后就在全国开展了明升暗降的活动，后来发现市场不为所动，便干脆降价卖楼。古人说：图穷则匕首见。万科广州盯住碧桂园，和它一同赛跑，比谁逃得更快；在深圳，金域华府降价幅度超过30%，前期买房人再也不会砸售楼处了，只是拉拉横幅，以示抗议。有什么用？降幅还在扩大，什么力量也不能阻挡万科的逃顶。万科下半年推售面积将超过上半年3倍以上。尽管作为国内住宅开发龙头的万科一直回避降价问题，但从万科公告的数据显示来看，8 月份万科实现销售面积 96.0 万平方米，销售金额达 104.8 亿元，环比分别上升 22.8% 和 15.4%，同比分别增长 5.0% 和减少 12.6%。出现了 2011 年以来的首次同比下降，这个数据告诉我们，万科的销售额已经整体下降了大约 17.6%。整体销售均价下降已经成为不争的事实。

我不断研究万科，不仅仅只是因为万科是住宅开发领域的龙头，更是因为它的价格最能反映出市场价格的真实走向。

万科金域缇香以 9400 元 / 平起，附送价值 1000 多元 / 平米的精装修，同时还可享六重优惠的活动推出。万科公园里将以 16000 元 / 平起的震撼价入市，二楼盘开盘价均低于周边同规模楼盘的现售价近 3000 元 / 平。不少业内人士表示，万科超万套的推货量和新盘低价入市，将对深圳下半年房地产市场影响巨大。尽管如此，我仍然认为，在这一轮的降价中，至少还有 30% 的降幅，只有如此，才能反映市场的真实购买力。

回想 2008 年初，万科董事长王石就曾发出预警，抛出“拐点论”，当时招来业内的一致讨伐。当万科在 2008 年春节后将深圳金域东郡以均价 7500 元 / 平方米开盘，比销售推广时公布的预定价格低 2500 元 / 平方米时，业界才发现，王石的预警并非故作姿态。万科的首先降价最终引发了深圳楼市的降价风暴,并且让这股风暴席卷了全国。现在,万科一直慎言降价,只做不说。

温州、北京通州等地，前期泡沫严重的地方，正在呈现破灭的征象。

现在坚守房价的，只有中小开发商和中小炒房客，一些三、四线城市房价还在涨，不影响整个房地产市场的降价趋势。但是，这种降价放大到全国，不是全局性大降价和泡沫破灭，而是一种逃顶的做法，再等下去，会有开发商资金链出问题而降价 50% 以上抛售，然后，蔓延到全国。越晚跑，就越跑不赢。

第二节
房价处在顶部

你愿意也好，不愿意也罢，中国人绝多大多数全部被套进去了。不管是买房子的，还是没有买房子的，全都傻眼。买了房子的，因处在高位，看上去房价涨了，却要背几十年的房贷，忍受着长期利率的压迫，万一发生经济萧条，还会断供，导致房子被收走。何苦呢？这不是让人傻眼吗？没买房子的，在股市上的收益，每年至少 30% 以上，平时没有债务压力，活得潇潇洒洒。各人找自己的生活方式，岂不乐哉？何苦要在这么高的价位去买房呢？

中国的高房价，正在成为全世界的又一个笑柄。

未来房产有投资价值吗？

就一线城市来说，这十年，中国的房产和黄金大约涨了 3.6 倍左右，主要是货币的作用，而同期的地产股票和黄金股票，很多股票的收益达到 30 倍到 40 倍，如果像持有房产黄金一样持有股票，放着不动，股票投资收益将是房产和黄金的 10 倍。相比起来，房产是一项很低效能的投资产品，仅仅只能帮助你跑赢通胀。中国是个大国，人口众多，衣食住行不解决好会出大问题，维稳是没有用的。所以，住宅就不要炒了。未来十年，中国经济结构会有所调整，房地产的投资效能还会减弱。

房产税会开征吗?

回答是肯定的。时机会在公租房平抑租金以后，政府肯定要开征房产税来增加税源，因为公租房的启用，政府将重建诚信，取得大多数人的支持。如果这一轮房价下降到能够解决夹心层居住者的改善问题，那大多数人的居住问题，就不会成为主要的社会矛盾。随后，开征房产税也不影响大多数人的利益。我现在正在研究房产税的开征办法和时机选择，提出我们的看法和观点，争取尽可能科学一点，以期帮助大家取得社会财富的新平衡。

房价还有上涨动能吗?

从周期性来判断，这一轮的房价已经见顶。这个见顶，不是什么限购带来的，而是全球经济和中国经济即将进入一轮新循环使然，再加上中国婚龄人口大幅减少，购买力急剧下降的结果。新的购买动能重新聚集，不是三五年能够完成的。除非政府又来救市，那就是天要下雨娘要嫁人的事，没办法。但我想不会到那个地步。

打破一种平衡，只要伸伸手指；但如果要恢复平衡，就要费很大的劲。经济有其内在的动能，一旦枯竭，就非人工所能左右。

2009 年，当时是在 4 万亿加 9 万亿救市后。我当时就清醒地认识到，这样一来，就说明中国房价走势根本就不是理论和市场规律所能够解释的，更多的结果与政策调整相关。这样的游戏是没有规则的，因此，是风险极大的，是不好玩的。但是，为什么那么多人蜂拥杀入？他们的回答让我大吃一惊，他们几乎是异口同声：房子会永远保值！意思是，只要是房子，价格就会永远上涨。这是完全背离常识的。我可以告诉大家，天下绝对没有免费的午餐，更不可能把免费的午餐提供给所有人。这种不劳而获的想法，是一种投机心理，而投机是有风险的，没有风险的投机行为从来都不成立。

中国楼市多空双方2007年和2008年时处在胶着状态，最大的分水岭是政府制造出来的，那就是2009年，房价暴涨。作为“地产三剑客”，我们不介入多空之争，只表达自己的观点和看法，那就是现行住宅体制不符合民生需求，迟早会出问题，因此，我们的一切言论游离于多空之外，只为民生考虑居住问题，为最广大的民众争取居住权，跟多空争论没什么关系。

那么，我们就来看看下面会怎么玩。

政府与房地产商的博弈

首先，我们以2009年为标准，来看看房价涨了多少。上海的标志性楼盘汤臣一品，2009年初均价是10万元一平米，到最高峰是2010年10月，两年时间达到20万元一平米，翻了一倍。就比如当时买了100万元的房子，两年时间到最高峰值变成价格200万元。房子从100万涨到200万等于涨了一倍，而从200万跌到100万，等于只跌50%。在上一轮下跌时，下跌30%的楼盘到处都是，那时还没有跌到位，政府就开始救市。不过在这一轮的房价下跌中，跌去50%的楼盘将会比比皆是，而政府将不可能再印钞票来救市，因为现在要救市，需要10万亿加20万亿，才有可能将房价托住。即使托住了房价，恶性通胀也会毫不留情地爆发下去，后果不言自明，整个系统性金融风险将不可控制。再说，土地基本快买完了，等待持有多套住宅者的就是房产税。

政府不会救市，不表示放任不管。目前，政府采取的措施就是限购。

限购这玩意，不是用于降房价的，市场在这方面的认识上有一个重大的误区，以为政府是为了实现软着陆，而让房价缓慢下降。政府对此也将错就错，也从不暴露限购的真实意图。在一线城市实行限购开始，我本人也被蒙骗，以为是通过限购减少需求，促使开发商降价促销。但是，现实问题是，即使开发商降价了也没那么多人来买，这是一个众所周知的道理，是常识。全社会购买力极其羸弱，根本没有多少人能够买得起房子。所以，限购根本就无法降房价。

2010 年 12 月，我在凤凰卫视中文台的《震海听风录》做节目时，就提出了我的观点，2011 年房价上涨，2012 年房价泡沫破灭，就是告诉大家，限购不是为了降房价，泡沫一定会破。

那么，为什么要限购呢？通过一系列的研究，我恍然大悟。所谓限购，是为了防止房价大跌而采取的行政措施。也就是把高温下的楼市，暂时冷冻一下。而且，这种方法可以随意用到其他城市，现在二、三线城市房价在猛涨，眼看泡沫会破，政府立马限购，立即冻结楼市；将来四线城市房价要大跌，政府有又去四线城市限购。这样，很多炒房客和中小开发商要被搞死。这就是限购产生的最后作用。

可以说，管理层丝毫没有降价的意愿和动力。令人没有想到的是，限购的副作用被管理层忽视了，这种冷冻一旦形成市场共识，根本就没有人会买房子。而且，政府现在没有办法宣布解冻。在市场预期不明的情况下，房价一旦开跌，根本挡不住。相反，限购一旦解除，有的城市会出现反弹，因为游资还在，流动性还在，炒不动全国，把几个城市炒得高高得动力还没有消除。

就政府而言，现在是错降了房价。因为很多开发商见预期不明，就会降价跑路，现在已经无法阻止，低价抛盘在所难免。

那么，很快全国很多城市将会发生房价见顶的信号。

结果就是，第一步，一、二手住宅价格倒挂，持有住宅的炒家，不忙于降价，而开发商为了现金不得不降价回笼资金；第二步，前期炒作过度的区域将开始出现问题，整个区域出现大量楼盘停工，开发商逃匿，资金链断裂的现象；第三步，一线城市发生断供现象，很多家庭因为前期负债高位买房而将要付出代价。

管理层的思路现在已经很清晰。首先，是把以公租房为主体的保障房建好，并投入运作。这个时候一线城市租金不是在上涨吗，没关系，新的一届管理层上任，首先是把1000万套保障房投放市场，谁还去租你的商品房？租金立马下跌。其次，为了解决夹心层改善性群体，也是中产阶层的主流群体，政府将会开征房产税，再逼出一部分住宅。到95后婚龄到来之时，中国将彻底告别高房价。

泡沫破灭和房地产崩盘是一种什么关系？

我想把这个问题讲得通俗一点，泡沫破灭，大约是指我们所讲的软着陆，是指房价下跌体现真实购买力的水准时，成交量有明显放大，在市场供求关系均衡的情况下，达到价格和价值关系的新平衡。而房地产崩盘则是指硬着陆，就是指房价在上涨时，扭曲了与房价的一切经济要素之间的关系，达到无法平衡的地步而发生的一种经济现象，导致市场供求关系彻底破裂，造成资金枯竭，市场崩溃。

这两种经济现象，会给我国经济带来不同的后果，后者可引发经济大萧条，前者顶多只会引发经济结构的调整。根据中国国情，宜选择软着陆。目前，政府选择的正是软着陆的模式。但由于政府不肯放弃房地产的巨大利诱，最后的结局可能是硬着陆。

房地产崩盘对我们有什么影响?

如果房价泡沫破灭，受影响最大的是投机客和开发商，其次受影响的是有房贷的家庭，对其他经济结构的关系影响不大。房地产崩盘，大家都是输家，开发商、有房家庭和炒房客都会惨遭财富缩水，这就是大炒家和开发商逃顶的主要原因。房地产崩盘会引发金融风险、相关产业链会发生断裂、宏观经济将受到影响，同时会影响社会就业和社会财富的再分配。

私人和家庭，不妨购买一些美元，以应对房地产的崩盘。因为中国没有经过经济危机，应对能力较弱，最后会加印钞票，因此，人民币可能面临贬值，通货膨胀会爆发。日本、拉美及全球其他国家和地区发生房地产崩盘后，解决之道都是美元，而且，这也是唯一的解决之道。在目前情况下，华南地区的个人，不妨持有一些港元、加元和澳元。

第三节
逃顶后再看盛宴后的狼藉

其实，我很清楚，很多人会心存幻想，期望房产会升值保值，将来好有一个保障。但是，这是不可能的。不管购买什么资产，只要进入了资本市场，性质就全变了，变成了赤裸裸的投机行为，其价格和价值完全背离，而最近三年，2009 年、2010 年、2011 年，所有不听劝告而去买房的人，都将蒙受财产缩水的痛苦。

盛宴过后，是一片杯盘狼藉。

限购令成房价大跌的救火队

哪个城市房价暴涨之后，政府就将在哪个城市去搞限购。我们要问，为什么房价暴涨前不去限购呢？为什么要等到房价暴涨之后再去限购？难道政府不能把限购做在房价暴涨之前吗？

仔细分析，所谓限购，无非是两个目的：一个是高层显然很清楚，房价暴涨之后必将大跌，特别是一些三、四线城市，房子建多了，引发高空置率，在一线城市可以采取征收房产税的办法，将空置住宅逼进租赁市场，不致于让土地资源产生过度浪费，而在三、四线城市，租赁市场根本没有，也没有多少人会租房子住，那种空置是真的空置，建那么多住宅区，最后都会变成鬼城，所以，房价涨不到哪里去，那么，暴涨起来的房价，一旦暴跌将影响其他城市，于是，采取限购措施。

那么，政府还有一个目的是什么呢？仔细分析，大家就会像我一样，恍然大悟，原来房价上涨以抬高地价，这个目的才是真正的目的。限购的做法，最后成为房价泡沫的冷冻剂。在泡沫没有破灭之前，房价永远在高位横盘整理。

许多城市的保障房将成为腐败的温床

很多网友和读者询问我对保障房的看法，询问公租房对市场的意义在哪里。在这里，我一并谈谈我的看法。

因为体制的问题，很多发达国家的经济实践很成功的事情，在中国都遭受失败。保障性住宅的命运也是这样。在美国，经济适用房占整个住宅供应量的85%，涵盖了律师、医生、教授等职业的全部中产阶层都可享受，美国最大的开发商，经济适用房一直是其主营业务，每年业绩的90%是由经济适用房提供的。在新加坡，经济适用房解决了97%的人口居住问题；在我们的特区香港，每年土地出让金的50%都用于解决普通市民的居住问题。但是，在中国的大部分城市里，经济适用房在近三年成为了公务员谋利的工具，一举改变了经济适用房的性质，丧失了经济适用房为全民解决居住问题的效能，这才让经济适用房贴上腐败标签而臭满全国。现在建设的公租房，因为还没有大量投入使用，我们还不能断定究竟是好还是坏，但是，依赖地方政府来建公租房，至少面临三个问题：

一是腐败问题，如果负责建设公租房的公务员大肆贪腐，那么，公租房建设质量肯定会出问题，一窝蜂大跃进式赶工期建房子，是一件很荒唐的事，受害的都是普通百姓。建筑质量是百年大计，不管建房出于什么目的，也不能违背建筑行业的规律，赶工期是完全没有必要的。

二是公租房的分配问题，如果公租房都被公务员分给自己的七大姑八大姨，那将是公租房的奇耻大辱。那么，公租房究竟该分给谁？这个方案应该交给社会，广泛征求意见，力求公平。遗憾的是，迄今为止，还没有一个城市拿出分配方案，何故？还有，有关部门也没有及时出台相关法规交给社会讨论，以提交明年的两会，作为立法的参考。不将这个继续租房居住的群体的问题厘清，就不可能实行公平，公租房也就失去了意义。

三是管理问题，说到底是政府究竟收取什么样的租金，提供什么样的物业服务的问题。现在看来，政府可能会组建专业公司来对公租房进行管理。这是一块巨大的蛋糕，可以解决很多人的就业。增加就业岗位是一件好事，但是，人员怎么招聘却是一件大事。千万不要搞得这些公司成为许多公务员安置七大姑八大姨的地方，否则，这些公务员的群带关系会饿虎扑食般涌进这些公司。

以上三个问题，如不能认真解决好，公租房也将成为公务员寻租的工具，前景堪忧。

所以，保障房究竟保障谁，是一个重大命题。如何破题，关系到体制的自新自省自我纠正的能力问题。

房地产的金融风险在哪里？

这是我们必须严密关注的问题，这将直接影响所有人民币持币者的利益。

中国最大的金融风险不是地方债务，而是房地产。地方债务只有区区12万亿，全国人民来背，不会压垮谁，但是，房地产的风险敞口太大。以现在的地价来说，全北京的土地和商品房价值，就可以买下整个美国。综合评估全国660个城市土地的价值，按现行土地价值可值180万亿。房价上涨，依附于土地的所有商品价格都要上涨。现在是通过限购把楼市冰冻起来了，使其降温，却并没有消除风险。

首先我们来假设一下，如果不是用限购的方式把楼市冰冻起来，按现在房地产投资的正常增长幅度35%来算，只要有35%的不动产在正常流动，会是什么恶果？印再多的钞票也没有用，整个金融体系就将面临全面崩溃。房价还要涨？你以为还敢去涨？有些问题不便于公开，有些谬误需得到纠正。

央行经常对国际热钱表示担忧，却对国际热钱的定义始终不予明确表述，所以，我们要问一问，究竟什么叫“国际热钱”。广义的国际热钱，就是中国外汇的未结款部分，所以，严格的说，所有的外汇储备都将可能成为国际热钱；狭义的国际热钱，是指已经流入中国境内的未经中国官方允许的一切外币。未完成的交易，不仅计入GDP，而且，央行还印刷钞票，将这些等值商品按当时汇率折合人民币先行发给商家。哪有这样的道理？试问，这钱给得合法吗？本质上说，这些钱都有可能成为国际热钱，因为这些钱已经兑换成人民币在中国境内流通，并成为导致中国境内通货膨胀的主要根源之一。从老百姓的立场来说，这些未完成的交易，已经通过商品价格上涨的方式，由老百姓来买单了。巨大的金融风险早已聚集，何时爆发，不是取决于人民币，而是取决于美元。人民币的小辫子紧紧地被美元抓住，两者根本不在一个竞争平台上。

具体的分析，我将会在另外一本书中表述。在此，只是提醒本书读者，很有必要在人民币升值到顶时，储备一些美元，以备不时之需。

第四节
黄金永远不可能再翻身成为货币

关于黄金，已经圈进了中国大量的社会财富，也成为造成人民币通胀的主要原因之一。

历史走到今天，黄金的功用和普通贵金属并无二致，但是，其稀有性和真正价值，远远不如锗锌锑钒钛锆钽等贵金属，而且，黄金没有多少生产用途。

有人说，黄金具有货币功能。伯南克回答这个问题时，非常干脆：那只是传统。还有记者问，那么黄金到底是什么？伯南克回答：只是贵金属。

伯南克代表美元，他的立场和态度就是美元的立场和态度。现在，美元出了问题，正在十年漫漫熊途中一路蹒跚，一直是处于弱势。相对于经济现状来说，这种弱势究竟是真实的，还是装出来的，现在还不好说。美元的低谷是 70 点，现在是 74 点左右。美元在最低谷时，黄金价格是 820 美元；现在是 74 点，黄金价格反而涨到 1800 美元。说黄金同美元挂钩，是不可能的事。

总之，现在美元出了问题，美国绝对不可能去把黄金请出来。这一点，伯南克说得很清楚。所谓的货币功能，只能是遥远的记忆。

谁是黄金投机的庄家？

凡是投机的市场，都有庄家。我不反对对黄金的所有投机行为。既然有人坐庄，又有人玩，那么，有钱人就来玩，可以繁荣市场。但是，有一点，不能把中国老百姓圈进来，他们只有一点可怜的财富，玩不起这种投机游戏。因此，对老百姓来说，买金银首饰，也是传统，大家可以在价格合适的时候，适当配置一些，不必去参与炒作。因为庄家，正在盯住你的钱。

金融投机市场，从来都是少数人对多数人财富的一种猎杀行为。

原来不知道，包括2011年5月份的黄金白银大跌，我也没有看出究竟。但是，前不久的一场大跌，三天时间跌去200美元，跌幅达10%，这在黄金市场是罕见的，也是三年来没有过的行为。问题出在哪里？国际上没有相应的资讯。只有中国有这方面的炒作。这只能说明一个原因，黄金的小庄家在中国，大庄家是国际大鳄。

在黄金大跌前一天，整个金市最抢眼的资讯是，“中国四大银行买空爆仓，亏损2个多亿”。这条信息出现在大跌前，说明什么？刺激多头神经，继续做多。果然。第二天，黄金价格突破1900美元，向2000美元狂奔。等来的是什么？毫无疑问，就是大跌。而且，正是在这时候，许多新闻报道，管理层将黄金保证金提高，减少杠杆效应，降低风险。说明什么？说明管理层对黄金的炒作行为，了如指掌。庄家是谁？已经不需要我再说了。

黄金还有多少价值?

传统是有价值的，毕竟在200多年前辉煌过。但是，人类发展到今天，贵金属再也不是金银铜镍锡，而是锗锌锑钒钛锆钽，后者是近代科学发现的，其价值不知道要高于黄金多少倍。黄金的国际开采成本最高的是520美元每盎司，黄金在中国废品提炼上的成本在2010年只要32元人民币每克，2011 年达到 36 元人民币每克。但中国市场的黄金价格已经突破 400 元每克，对比提炼废品的成本是个 10 倍的暴利。

国际上对待贵金属的做法，是正在用高科技探索贵金属中的生命元素。中国的科学探索精神，严重不足，对国际趋势和潮流只有山寨的份了。究其原因，是大部分民间人士没有探索科学的热情和精神，甚至连想法都没有，这是我们这个时代最大的悲剧。大家好不容积累了一点财富，不是用来寻求新的材料、新的科技和新的工艺，而是一股脑地去投机炒作。试问，对民族的发展和未来，有什么好处？现在，美、日、韩正在研究锗锌里面的生命元素，这项成果一公布，人类就将进入一个新的纪元。对比未来，美、日、韩这些国家的人，寿命可能超过 150 岁，而中国人的平均寿命只有 70 岁，这会是个什么结局？

黄金有生命元素的价值吗？没有。那你把财富堆积在黄金上，未来有什么升值的空间？

黄金起码有十年的熊市

经过这一轮的炒作，黄金，这种过时的贵金属，已经永远不可能替代什么货币，也就不会存在什么内在价值，对比外汇储备还有几倍的空间只是笑谈。试问，谁说黄金要去对比外汇储备？是伯南克，还是中国的黄金分析师？

还能炒得下去吗？能。但是，已经没有什么价值。

未来黄金价格，等人民币升值到头，起码有十年的熊市。

第8章
在低处建仓获利

很显然，中国中产阶层的财富大部分聚集在不动产和黄金上，当经济陷入萧条时，他们的资产将无法变现，而在这时，正是经济的低谷，到处是便宜的资产，他们却缺少现金来重拾芳樱。

房子，自己有的住就够了，没必要搞两套、三套；黄金，适当配置一点就行，没必要囤积几十公斤——除非你能确认中国未来会发生战争，否则，黄金在几十年之内只是能让我们刚刚跑赢通胀，不会产生很高的回报。目前来看，这一轮黄金价格很难站稳 2000 美元每盎司的标准。

也许他们过度乐观，再加上中国还没有经历过太大的经济危机，很多人认为中国经济还要增长 20 年，就像开发商忽悠百姓“房价还要大涨 20 年”，如出一辙。这种思维是无视经济基本规律的，在逻辑上也解释不通。在创富的路程上，有很多机缘，把握一次，十年无忧。我们将迎来中国经济 30 年来最好的一次建仓机会，能让我们在危机之后，迅速崛起。

买了房产和黄金的朋友必须明白，黄金和美元一样是不能带出国的，在国内变现也非常艰难；而移民去美国，房产是美国移民当局不计入个人净资产的。只要你去美国，你在中国有多少房产，也不能证明你的身价。

那么，对个人理财投资来说，何时何地可以抄底建仓呢？

导读：我们将迎来30年来最好的一次建仓机会

第一节
资产价格底部的生成有哪些现象

在通货膨胀的年代，资产价格通常处在高位。只有通缩来临，资产价格才会跌入低谷。在通缩的年代，通常都会出现以下特征：

一、中小企业破产现象蔓延。

这一轮中小企业大量倒闭与2008年下半年状况不同，那时是国际市场商业交易链条突然断裂，整个进出口贸易无法继续，在珠三角、长三角等外贸企业集中的地方，出现大量的企业破产倒闭，因后续情况不知会恶化到何种地步，很多外籍老板弃厂而逃，以致出现影响6000多万农民工就业的悲惨景象。

当时，我正在上海，亲眼目睹一个韩国老板弃厂而逃，工人一分钱的血汗钱都没拿到，被迫返回老家的情景，也曾在回深圳时看见东莞每月100多万农民工，背上行囊回老家的一幕。当时，每次看见农民工这样返乡，我的泪水都忍不住夺眶而出，为他们的命运深感担忧。

这次不同，中小企业的大量倒闭，是发生在货币流动性泛滥的地方，是在泡沫严重的地区，影响面不大，危害也不大。大多数企业是因为不肯放弃投机暴利而不惜高息大肆借贷所导致的破产，是区域性的，个别的。

基于这两点的不同，救市的可能性几乎为零。

从货币上反映，这一次是在通胀情况下发生的，这和国际性的金融风暴有着本质上的不同。再说，从货币政策上看，人民币并没有停止升值的迹象，表明决策层对一切胸有成竹，充其量也只是认为，这是企业大军前进过程中正常的洗牌，正好可借此淘汰掉一批过剩的产能。

二、中小开发商出现破产。

管理层这次是铁了心要调整房地产市场，一批开发商破产倒闭是不可避免的。这两年的高房价搞得人心向背，其责任肯定有人要承担。谁来承担？当然是开发商，这是毫无疑问的。不灭掉一些开发商，就不可能改变地方上官商勾结的现象。看不懂这一点的开发商，是十足的白痴。

灭掉一些开发商的成本是什么？是房价下降后带来的土地收入的减少。这是表面的，因为一批开发商倒闭，有一些资产会被上市公司和央企收入囊中。这是两全其美的事。

所以，我敢断言，2012年下半年开始，持续到2013年全年，一大批廉价的土地资产会在拍卖会上被收归国有。所以，现在一大批资金链出问题的中小开发商赶快降价卖房，开溜吧。死撑房价，会损失更多的资产。

三、城市白领家庭发生断供现象。

这两年在房价高位套进了很多城市白领。开发商买通媒体，一会儿拿丈母娘说事儿，一会儿大讲城市化，一会儿又大肆宣扬土地稀缺，把老百姓骗惨了。很多人把父母的养老钱一股脑拿来交首付，自己的家庭收入根本承担不起日益高涨的月供，加上收入没有增加而生活成本越来越高，有的城市房价翻了一倍，月供增加了几百元钱，生活成本增加了100%，一年前只需要3000元生活成本而现在需要6000元，当然没有钱交月供。现在，可能双方父母还能垫付一点，到了双方父母也拿不出钱时，断供就成了必然。

好在2011年断供的群体不会很大。记得2008年深圳房贷余额在2900亿时，断供的房贷余额约16.5亿元，对整个房地产市场和大众生活影响不会很大。

这些是底部生成的市场现象。这些现象发生在顶部构成后的半年左右时间。关于顶部的构成，可参照上一章中“四大拐点”的相关内容。两相对照，判断可能更准确些。

第二节
各种资产价格的底部在哪里

关于房价，拒绝当房奴

一定要和自己的房价收入比挂钩，所有高于这个警戒线的价格都是泡沫，是不能接受的。否则，就要一辈子当房奴。买房就毫无意义。

关于房价收入比请参照我的《中国通胀，世界通缩》这本书。“房价收入比”是指平均住房价格与城市居民家庭平均年收入之比。而通过对数十个经济发展水平不同的国家和地区主要城市住房价格的考察，世界银行和联合国人居中心分别得出“合理的住房价格”的房价收入比应该为3～6（世界银行专家的说法为4～6）。绝对不要超过6倍。

关于黄金价格，关注1045美元

黄金价格已经步入下降通道，喜欢收藏黄金的朋友也十分关注黄金价格的底部是多少，以及何时出现底部。现在的问题是，黄金套住了很多中国的所谓中产阶级的人。很多人只要一买了黄金，对黄金的态度就像三国故事里面争抢传国玉玺的人一样，在故事中，抢到了传国玉玺的人最后都死得很惨。传国玉玺这玩意，普通人，把它当做一块玉石就对了，硬要当成权力的象征，那就错了。因为玉玺也许可以抢到，掌权者却不是你想当就能当的。

对待黄金也是这样，你把它当做贵金属就对了，硬要当成货币那就错了。老百姓没有多少人会买金砖之类的东西，买金砖的都是自认为有些品味的人。把黄金买回家干啥呢？收藏？欣赏？传家？谁也说不出来。因为金砖金条之类的玩意，可远观不可亵玩焉。

黄金这一轮已经见顶了。这玩意一见顶，随之而来的，就是大跌。跌到什么价位呢？我们首先来看看黄金是怎么涨上来的。前面的我们就不说了，黄金涨到820美元时，就基本涨不动了，这次金砖四国的通胀只有印度比较明显，中国、巴西和俄罗斯的通胀都没起来，美元和欧元区不用讲，基本上都快通缩了，更谈不上通胀。那么，是谁在买黄金？我要告诉大家的是，当时金价上涨情况和中国关系不大，是印度民间感到通胀猛于虎，印度民众把连续两任总理都赶下台，基准利率升至7.5%（现在是8.25%），结果都不行，辛格上台后，也想把通胀遏制下来，但是，收效甚微，这才引发印度民间购买黄金的热潮，引发了国际金价的上涨。金价一直冲到1020美元后，再也涨不动了。

黄金价格的历史巨变就发生这个时候。正在黄金创新高1020美元时，发生了一件惊天动地的事。那就是印度央行购买了国际货币基金组织200吨黄金，价格是1045美元。我当时并不知道印度央行一下子购买200吨黄金的目的是什么，但是，我当时分析这件事，是因为政治角度的思考。但是，现在看来是一件惊天炒作事件的开始。

我们的问题是：印度为什么要以高于国际黄金价位25美元的价格去买黄金？随后一个交易日，黄金价格冲上1045美元，从此升起了一轮涨势。那么，黄金价格见顶后，进入下跌通道，最有力的支撑位就是1045美元。

所以，喜欢黄金的朋友完全可以等黄金跌到1045美元时，观察下方支撑的力度之后再作决定。如果支撑力度大，就可以建仓。如果没有支撑，那么，黄金价格会跌破1000美元，下探920美元，大约如此。在具体操作时，还要关注美元指数的变化。

关于中国股价，新的机会正在来临

目前，中国规模最大、法制最完备的资本市场其实只有股市。不管我们承认还是不承认，我们找不到第二个。从目前的情况看，大众投资股市的意愿降至2009年以来的最低点，只有9.2%；沪市大盘从3000点跌下来，几次探底均未成功，一直在底部区域徘徊，只等一声令下，就将举行反弹。

现在的股市不能说是历史性的底部，但是，也是一轮波浪的谷底。怎么着，也有来一点波浪的时候。有波浪就有机会，可是一两个月也不来一点浪花。市场笼罩在一片灰暗中。而现在：一、能想到的利空都空袭过了。二、股指跌幅已经够大了。三、估值已经够低了。四、散户该走的不该走的都走了。五、基金已经找不着北了。六、内部人开始大量买进了。七、机构快要吃不上饭了。八、IPO年度任务完成得差不多了。九、利用股市纾困的时候到了。十、老百姓已谈股色变。

所以，现在正是建仓的时候。温州经过炒房的痛苦后，一个号称在股市已经“千年空仓”的炒家，卖掉所有的住宅，高调在股市建仓。在他的影响下，原炒楼资金正在源源不断流进股市；国家队社保基金又拿出100亿进入股市。但是，恰恰是一批中小投资人在此底部耐不住性子，斩仓割肉，真令人心痛啊。

发改委顾问中，有人早就卖掉住宅，投资股市，并告知过大家房价的风险。

从现在起，中国股市新的机会正在来临。这一轮行情绝非反弹，而是反转。

第三节

在经济落到谷底时给自己充电

古老的军营中有一个传说，叫：杀死信鸽。在每次大的战役发动前，指挥官都会杀死信鸽，因为信鸽传递的一定是有预警的信号。而战前军情激昂的气氛不容被破坏，是战胜还是战败，就在此一役。所以，只要指挥官一声令下，将士们就会英勇赴死。现在，我们需要做的是杀死信鸽，不再接收报信，让战士们坚定地决一死战。在底部还没有发出买入信号时，我们蛰伏不动。一见买入的信号，我们再豁然新生，炼成凤凰。像《三国演义》中孙权听见刘备死去的消息时豁然大笑一样，他轻松地说："都死啦，只有我活着。"

所以，有人呼吁：不要杀死信鸽。可是，如果将士们知道信鸽随时会带来不断变化的信息，还会英勇赴死吗？

市场如战场。这就是市场的残酷所在，等我们出击之时，到处是便宜的资产，只要我们有充足的弹药，就能创造更大的辉煌。

在蛰伏不动的时候，我们不妨给自己充充电。这其实是在为自己的人生补充新的思想、新的智慧。

在网上梳理资讯，辨别最好的价值洼地

有时间不妨多一点时间研究经济的发展趋势，了解全球经济的基本走向，关注金融产品的创新与运用。资本主义的最高阶段，就是金融资本阶段，每个人都逃不脱大局，都要面对金融资本的掠夺与反掠夺斗智斗勇，没有

足够的实力是会败下阵来的。对各种经济资讯的梳理和提炼，有利于发现市场上最佳的投资价值点，对我们不无裨益。

多读好书，在方向上不发生错误

经济学是一门复杂的学科，做投资的人，最好学贯中西，文理兼容，上知天文下知地理，既要有军事家的谋略，又要有政治家的胸怀和胆识，还要有数理学家的工于计算，逻辑学家的推理，还要有哲学家的智慧，还要有经世治国之才。一个知识面不全面、知识结构脆弱的人，是做不好投资的。

就我本人来说，因为原油基本代表工业经济发展的方向，未来走势影响经济的方方面面，所以，为了研究国际原油未来趋势，我几乎读完了所有有些影响力的与石油领域研究有关的书籍，找出其共性，寻求对策，进行价值分析，思考投资前景等等；我为了研究房地产，不仅仅研究宏观经济、金融、国土、城市规划、产业分布，还学了人口学、统计学等等，有的实在不懂就通过微博发起讨论，网友中很多人都是高手，他们一个小小的回帖，往往就能给我很多提醒，让我学到很多东西。

最近，为了寻求中国货币问题的解决方案，我特地去了一趟书店，结果找到的相关书籍是当代美国著名的凯恩斯主义经济学家阿尔文·汉森的《就业、利息和货币通论》。这是一本由经济学大师导读的经济学大师经典著作，读过后，很多不懂的东西一下释然。我深深体会到：多读书，读好书，永远有收益。

我们这个时代，很多国内经济学家很忌讳对趋势发表出自己的预测，但是，在我了解的获得过诺贝尔经济学奖的经济学家当中，只有尤努斯没有发表过什么预测，但这无损他的伟大贡献。他是一位务实的经济学家，创建了全球第一个乡村银行，专门救助穷人。其他的诺贝尔经济学奖获得者，无一例外作出过许多精彩的预测。现在来看看2008年之前克鲁格曼对全球经济的预言,无一不得到验证。他猛烈批评过布什的战争,又预言了利比亚的战争。

逻辑上来说，经济学家的预言比哲学家的预言更靠谱。

和良师益友促膝谈心

与友相交，可时常一起交流一些思想和观点，也大有裨益。

我时常去北京，第一件事就是约建海一起小聚，我们一谈就是半天。建海是经济学家，是中国经济学领域中的鼎鼎大家。每次聊天，我所不懂的经济学问题，他基本当场就可以解答。那些理论都在他脑子里装得满满的。我在遇到金融问题时，经常给易宪容打电话请教，他是张五常的学生。这两位学者朋友各有所成，他们对市场、对货币各自都有独特的研究。还有寒冰，每次都有惊人之语，时常蹦出让人捧腹的冰冷幽默，充满智慧。

我在民间还有一批好友，都是高人。他们对文化、对经济、对社会都有着敏锐的洞察力，且各有建树，只不过他们低调不张扬而已。不像我，天天站在明处，被冷枪暗箭当靶子打。偶尔，他们会上上天涯，即便是偶发一帖，也会引来万众瞩目。随后飘然离去，消失无踪。与他们交谈，聆听的和感受的都是人生的智慧。

在我们这个时代，一定要耐得住寂寞。在资本市场也是如此。

我们在社会上，不仅仅只是生活在底线水平上，在资本市场上也是战斗在低谷。有机会的年代已经过去，新的时机还没到来。让我们在这样年代多留点时间，多学一点知识，积累才华，等待底部特征确认后，再一发冲天。

第四节
最具潜力的第三产业之一是金融市场

中国的金融迟迟不肯开放，制约了经济的有效增长，扼杀了中小企业的融资渠道。从目前逐步开放的金融市场来看，可拉动经济增长1.5%～2%。近两年开放金融市场国家的典型代表是印度，不仅拉动了经济的增长，还有效地解决了社会就业问题。

当今中国高利贷市场的起源

从今日社会看，无论是江苏的泗洪，还是浙江的温州或者内蒙古的鄂尔多斯，由高利贷支撑起来的民间金融系统，正面临崩溃。需要我们反思的是，在金融市场日益发达的今天，为什么中国还会有一个这么畸形的高利贷市场呢？只有一个答案，那就是因为中国对金融异乎寻常的严格管制。

几千年来，中国的民间信贷一直是有序进行的，无论是钱庄、银铺还是票号或是后来的银行，民间的自律行为支撑着古代和现代的金融业。但当代中国将银行收归国有，后来进入市场经济时代，银行业乃至整个金融业都受到严苛的管制。这是高利贷产生的本质根源。在市场上的反应就是，官办的银行，无法满足民间的金融需求，最后在官商合作的基础上，内外勾结形成了一个畸形的高利贷市场。

高利贷市场导致的结果，我们已经看见，那就是实体经济破产，投机资金恶性遍布。而实体经济的大量破产，用凯恩斯理论的解释就是边际生产力的消亡，直接导致的结果是通缩，并使经济走向衰退。

我们先来看看两组数据：

第一组数据是，2011 年 9 月前半月，四大国有银行存款减少 4200 亿元，以至于半个月的贷款只有 870 亿元。

2011 年中期，四大国有银行的存款占全国银行全部存款的比重是 48.4%，按照比例算，意味着全国的银行 9 月上半月的存款流失可能超过 8000 亿元。这种现象除了炒楼资金出逃的原因，还有就是一部分资金流进民间高利贷市场，不可能还有其他渠道有如此之大的吸附能力。如此大规模的存款流失，在历史上也是极其罕见的。2006 年以来，每年 9 月份的存款从来没有下降过，为什么 2011 年 9 月份出现如此异常的变化？钱去哪里了呢？

第二组数据是：2011 年 8 月份我国金融机构新增外汇占款达 3769.4 亿元人民币（约合 590.2 亿美元），而当月贸易顺差 177.59 亿美元，FDI 为 84.46 亿美元。以此估计，当月的热钱量约为 328 亿美元，约合 2100 亿元人民币。

这两组数据里面的大量资金，肯定没去股市，楼市不仅没进入，反而还在出逃，唯一能去的方向，只有民间高利贷市场。如此巨量的资金只要出现两种情况，经济就会出现萧条。

1. 银行收缩银根，贷款规模减少，企业主在审批期限内，但贷款没有批下来，则高利贷将压垮这家企业。这家企业将连锁影响到其他企业，最后波及到高利贷和银行，这样的企业多到一定数量，最终将导致经济崩溃。

2. 银行没问题，企业主拿到贷款，但经济列车开始减速，货物卖不掉，货款收不回，规模越来越大，企业主必须扩大贷款需求；而银行考虑风险，不肯扩大规模，结果导致企业拿不到更多的钱，最后垮掉，波及上下游企业，最终导致经济滞缓甚至崩溃。

中国金融市场开放的三大方向

解决这个问题的唯一办法是放开金融市场，而不应当是茅于轼讲的，放任高利贷不管。

中国的金融市场可从三个方面适度放开，应该列为国家战略，作为中国经济的主要增长点，列入国策来推行。

首先要适度放开外汇市场。关于外汇市场，我们曾几次呼吁放开，实行藏汇于民的策略。2010 年两会上有一项提案是关于外汇市场的，当时提出的额度是每人每年 20 万美元，在现在 5 万美元的基础上提高了 15 万美元。另外，建议让期货经纪公司、投资公司、私募基金和公募基金、投资公司增加外汇交易，让这个市场活跃起来。

其次，放开金融交易场所，在房地产热退潮之后，大量的中介公司关闭，这些地铺完全可以成为金融交易场所，这在印度、中国香港、日本都已经印证，其繁荣程度绝不会低于地产中介。无论称为钱庄还是别的什么均可，可以安排大量人员就业。金融业只要适度放开即可预见成效，可以在一线城市先做试点，逐渐铺开。

第三、现有的金融市场要进行整顿，要营造投资市场。股市是一个巨大的蓄水池，其功能的强大，足以遏制通胀。将房地产业调控后，一批开发商必然破产倒闭，只有股市走强，才能衔接资本流向，否则，高利贷就会越演越烈，最后会逼迫大量中小企业倒闭，影响经济增长，影响社会就业。

金融资本阶段是资本主义发展的最高阶段，前景无限。但是，这个前景取决于金融产业的振兴，并足以带动 GDP 增长达到 2% 以上。

第9章

大趋势不可逆转

引子：用常识攻克前行路上的困难

回归常识，把复杂问题简单化，首先要从管理层做起。

从中国的现实出发，现在对利益集团物质生活的一切改进措施，都几乎用尽，物质上的一切，利益集团几乎都已拥有，还需要拥有的已经不是物质，而是精神层面的东西。而恰恰是这个精神层面的东西，必须依赖思想与智慧才能拥有。利益集团，缺少的恰恰是思想和智慧。这种现象，在社会学上称作“帕累托改进”。

所谓“帕累托改进”，就是一项政策能够至少有利于一个人，而不会对其他人造成损害。所谓“帕累托最优”就是上述一切帕累托改进的机会都用尽了，再要对任何一个人有所改善，不得不损害另外一些人，达到这样的状态就是帕累托最优。

在经济政策中为了改善某些人的利益而损害另外一些人，这就不是帕累托改进。最好我们能够找到一些政策，对一部分人有益，同时不损害任何人。中国在经济改革中就大量地应用了帕累托改进的理论，使改革能够比较顺利地推进。因为谁也没有受损，改革的阻力就比较小。现在我们差不多已经达到了帕累托最优，换句话讲，帕累托改进的机会都用尽了，再要改进就不得不损害一些既得利益集团的利益，进一步的改革就很困难了。

既然困难无可克服，那么，就让我们回归常识。

比如说强行拆迁，不要再搞了，搞得最后危害了所有人的利益，同时包括利益集团自己。来点创新，积极改善和推进，比拆来拆去的要强。

比如说，政府投资不要搞了。投资这样的事，让商人们去搞，比政府搞要强。商人能赚钱，等于政府多增加收入。

比如说，能赚钱的事，尽可能放开，让大家都来赚，钱是赚不完的，只有产生更多的钱，社会财富增加的速度才有可能超过印钞的速度。政府如果把所有能赚钱的事都垄断起来，那么，整个社会的财富就不可能得到增加，最后的结果就是通货膨胀。

比如说，将金融、电信、公路、港口、机场都放开，让民营企业参与竞争。

这样，政府将回归政府的功能，而不是像一个财团，不是像一个利益集团，社会才会充满公平公正。中国，才能回归常识，符合全球经济大趋势的发展。

第一节
宏观经济决策急需回归常识

区域经济规划与股票投机

反思这几年的宏观经济决策，我们得出的一个一致结论是，中国宏观经济决策应该回归常识。

远的我们就不说，就从 2010 年说起吧。

2010 年 1 月，国务院的第一个规划方案出台了。我和建海通了一个电话，谈这件事。建海反问我：皖江在哪？

我知道那么多大江大河，唯独不知这个皖江，更不知皖江在哪。奇怪的是，我刚刚从合肥做完演讲回到上海，没听说什么皖江啊？后来，安徽的朋友告诉，皖江就是合肥到芜湖这一段的长江，因流经安徽，所以，称这一段的江面为皖江。我懵了。现在不是三国时期，也不可能在长江上打水战啊，这一段江面能有什么的战略意义呢？这是常识。但这是我国批准设立的首个国家级承接产业转移示范区。

这对宏观经济有什么战略意义吗？产业转移，哪儿不能移，非要移往安徽？所以，这个可以没有，却偏偏有了。我一晚没睡，全面研究安徽区域经济，实在找不到什么亮点。哪知，第二天股市开市，安徽股票纷纷涨停。因为我没有持有安徽股票，所以没在意。

过了几天，国务院又批了一个规划，说海南要开发国际旅游岛，这下我心里有谱了，我托朋友得到这个消息，转而一想，赶紧买一点海南股票吧，搞宏观经济没用，没准儿股市会有所反应。果然，消息一公布，海南股票有 5 只涨停。天啊，这是告诉大家要炒股票啊！

这一年中国批了 18 个区域经济规划，各种名头都有。江西搞了一个鄱阳湖生态园区，因为本人是江西人，对江西特别了解，我不相信江西鄱阳湖在生态上能做什么经济文章。无非只是一个名头，能对宏观经济产生什么作用？有什么战略意义？ 2011 年大旱，鄱阳湖成了大草原，我终于明白鄱阳湖如何成为生态园了，实至名归。

现在这 18 大规划，流产的流产，没流产的也不到一年就无疾而终。真正能搞出名堂的，也实在难以启口。

12 万亿投资的神话

2010 年全国两会开过，地方官员信心爆棚，一桩桩违背常识的事纷纷登场。最离谱的，莫过于湖北的 12 万亿投资计划。2010 年 3 月 22 日，在湖北省经济形势及重大项目信息通报会上，该省发改委主任介绍，截至目前，全省重大项目库已入库项目 3.76 万个，投资总规模达 12.06 万亿元。这些项目，最迟将在“十二五”初期集中开工建设。

12 万亿，对湖北省意味着什么？全省人民苦干 10 年创造的所有的 GDP。

我们当时就哑了。房地产大跃进不够，还来投资大跃进，这不只是会引发通胀的问题，而且必将助长腐败。事实和我们预料的一致，现在导致的结果已经可以看出，地方政府公开的债务平台（在银行的贷款）已经高达 12 万亿，一半是已经亏空；还有隐形的债务（拖欠工程款、以土地质押进行借款和各种其他借款等）至少 3 万亿，已经挥霍一空。

让我们看看对于湖北的 12 万亿，当地政府是怎么说的：湖北省经济发展在很长一段时间将仍然主要靠投资带动，投资将占到经济增长的七成以上。一方面，转变发展方式，要通过项目来落实、通过投资来改变；另一方面，过去积累的问题，也要通过投资引导来消化。所谓过去积累的问题，就是过去低效率的项目所欠的债务，要靠新的贷款来还。

项目还没有来，首先想到的就是填平过去的窟窿。

而对 12 万亿的资金来源，当地政府并没有讳莫如深，而是直言不讳地表态，2009 年～2012 年全省投资约为 5 万亿元，将分别来自各级财政性资金、国内贷款、企事业单位自筹，以及外资和债券等其他资金。但余下的缺口，则寄望于社会资本来解决。

投什么？和其他省市没什么区别，虽然列举了 6 大类别，几十个科目，最大比重就是港口、铁路、机场、能源等等。

资金来源，张嘴就来。

我注意了外电的许多报道，都不知道中国地方政府究竟要干什么。因为这不符合常识。其他省市地区当然不会像湖北这样，但是，各种提法层出不穷，一片大跃进的样子。在这种疯狂的状态下，我们还能干什么？我们究竟要干什么？

房地产能成支柱产业吗?

我们三人联手一起讨伐成思危，最终，还是促使决策层改变了一个错误的决策。

十届全国人民代表大会常务委员会副委员长、中科院研究生院管理学院院长成思危于2011年2月21日上午在中科院研究生院管理学院主办的“国际金融危机与我国的应对措施”专题报告会上透露，第十大产业振兴规划确定为房地产，但规划具体措施尚需等待”。

随后他透露，原来十大振兴规划中没有房地产，是能源。“能源其实很重要，但能源行业的振兴规划最终改成了房地产，可见中央对这个问题的重视。”不过，他坦诚，“至于具体有什么措施，我也不知道！”

成思危宣布房地产被列入十大振兴产业，网上一片哗然。

建海从北京打来电话，征询我和寒冰的意见，我提议我们每人发表一下自己的看法，连夜挂在博客上，反击成思危。因为我们知道，明天国务院常务会议将要讨论这十大产业的最后归属，成思危预先发布消息至少是违反组织纪律；其次，我们认为在网上形成强大的舆论压力，可以促使决策层改变决定。

当天晚上，我们三人的博客同时发表。我们几乎同时认为，一是全球经济体没有一个国家把房地产列为支柱产业，这是一个夕阳产业，没有成长性；二是房地产业的主要属性是民生，不是投机炒卖，把房地产当做振兴产业，要引起社会动荡，危及国家安全；三是房地产业已经在中国引发大量过剩产能，列入十大产业振兴规划要引发经济危机；四是房地产助长官商勾结，基层政权将被腐蚀。

当天晚上，各大网站论坛纷纷转载我们的文章，海外华人网站也在进行热烈的讨论。国务院一位年轻的领导，当天晚上就看见了我们的博客。

第二天晚上的《新闻联播》播出了国务院常务会议决定，十大振兴产业计划中，没有房地产业。

然而，后面的事由历史来写了。谁的责任，一目了然。

回归常识，是中国宏观经济的必由之路

回归常识，是按规律办事，相信经济规律，繁荣、衰退、调整、复苏，是任何经济体都抗拒不了的规律，任何经济体都不是永动机，该调整的一定要调到位；回归常识，是把复杂的问题简单来办，保障住宅没有必要发债，土地出让金要拿出来建设保障房，政府没有钱就一定要压缩开支，要保证土地出让金用到保障住宅上；回归常识，暴露什么问题就解决什么问题，不耽搁不拖延，就地解决；通胀的问题，要用货币手段来解决，行政手段只能降物价于一时，不能长久；房价的问题关系公平，必须以税收来建立社会财富的平衡机制，躲是躲不过去的。

中国，只有回归常识，才能理性发展。

第二节
中国资本市场急需回归常识

资本市场是面向中产阶层，面向普罗大众的。这一市场如果缺少常识，危害将是致命的。

建立和完善资本市场的基本规则，才能保障投资人的合法权益。

而现在，在股市，很多股民在发问：我持有你的股票，为什么不能参加你的股东大会？所以很多股民才会戏说自己是“小散”。而且，如此大的利润，有的上市公司却长期不给股东分红，在央企的上市公司表现尤为突出。在这样的股市，就无法谈得上价值投资。理论上而言，我们的股市是一个缺乏常识的股市。如果缺乏常识，其结果必然是走向是赌场，最后崩溃。

老百姓买了一套住宅，却发现自己连产权都没有，只有70年的使用权。更加奇怪的是，这70年产权的房子，建筑寿命只有30年。整个中国楼市，土地被政府垄断，媒体被开发商垄断，租赁被中介公司垄断，交易被经纪代理垄断；在这种被垄断的市场，到处充斥着欺诈行为，政府公然欺诈买家，开发商欺骗政府，媒体欺骗公众，更有上市公司老板以开发商代言人的身份自居，编织虚假数据，诱骗买房人上当，在楼市中，一直充斥着谎言和虚假信息。掠夺——在这种高度垄断和充满欺诈的市场上，房地产的既得利益阶层，向广大民众的财富展开血腥的掠夺；暴力，强行拆迁，黑白两道一哄而上，共同对付普通民众；暴利——在这种垄断、掠夺、欺诈和暴力之下，焉能没有暴利？

违背常识。

股市，是开成赌场还是造市场?

看过茨威格的小说《一个女人一生中的24小时》，为那位赌徒出牌时的手的描写深深震撼。赌场的惊心动魄，全在赌徒出牌的手上。中国股民现在在电脑键盘上，按下“买入”键时，那只手的颤动，就让我想起小说中那个赌徒的手。

2011年上半年中国股市正如国内的天气变化一般，在“大旱”和“大涝”之间迅速转换。2011年4月6日，上证综指时隔近四个月后再次冲上3000点大关，但在8个交易日后，沪指便开始从年内3067点的高位一路下挫，直至2011年6月20日跌至2610点的2011年以来最低点。

这种涨起来慢，跌起来快的情形，常常让股民猝不及防，被彻底套牢。

2011年上半年股市落下帷幕之际，通胀和经济增长下滑成了它前行中的暗礁，股指表现得既纠结又敏感，走出了一个疯狂的“过山车”行情。一季度迎来反弹后，在2011年4月中旬时股指便开始了惨烈的回调，沪指在跌破2700点关口后依旧低迷，创业板指一路下滑连创新低，B股指数一路下挫跌幅超过了30%。

在这样的行情下，基金公司上半年偏股型基金的平均收益率均为亏损，且较大幅度地落证指数。而广大网友如果没有在2011年3、4月份及时收获投资收益的话，则很难在接下来的时间里捕捉机会。

看到经济学家茅于轼的一段话，写得很有意思：“市场的原则是双赢，交换的双方都觉得合适，所以是双赢，它不是零和游戏。其结果是财富的创造。其中的奥秘我在许多地方都说明过了。赌博则不然，它是零和游戏。一方赢，必有另一方输，而且输赢之和为零。它不能创造财富。”

放到股市来说呢？我买你这家公司的股票，是因为你有赢利的前景，而你这家公司用我的钱去做生意，赚钱按股分红，这叫双赢。你如果拿我的钱,去拉高股价,然后大股东套现离场,任股价下跌,这就是赌博了。而且，有违公平。因为作为大股东，自然知道股价能值多少钱，知道在何时抛出为好。当然，你可以抛你的股票，但是，你必须事先告知全体股民。事实是，如果大股东事先告诉股民，股民就一起抛股票，会造成这只股票大跌，引发上市公司二级市场崩溃，之后股市融资功能就会彻底丧失。所以，大股东抛售都是悄悄进行，随后把小投资人套住。

证监会对这种大股东的减持行为监督不力，处罚过轻，是造成中国股市长期低迷的主要原因。

而中国最广大的股民，只是希望在股市获取最基本的投资收益，以跑赢通胀。这是股民的一个正当合理的诉求，却被股市绞杀。这样，股市就不是市场，而是赌场，一方必赢，一方必输。而输的是广大的股民，赢的是开赌场的人——证券公司，深圳和上海两个证券交易所是最大赢家，其次是上市公司大股东和各大证券公司，输的是小股民。这个股市因此而玩不下去了，因为违背了常识。

房市，最缺少常识的市场

中国最大的经济灾难，不是上世纪 90 年代沿海房地产泡沫的破灭，也不是股市从 6124 点跌入 1600 点，而是这一次房地产泡沫的破灭。但是，直到我在写这一部分时，整个市场都沉浸在房价只涨不跌的预期中，没有人给普通买房人发出预警。因为所有提出预警的人都会受到谩骂和攻击。

对于我，是不惧谩骂和攻击的。但是，很多人已经不愿听了，说了反而起副作用。这就注定很多投资悲剧的发生。

别看开发商和地方政府在强撑房价，那是没有用的。房价只要一降，现在是怎么涨上来的，就必然会怎么降下去。现在买房，等于是在给腐败买单。我在《中国通胀，世界通缩》中论述了住宅制度的基本状态和四种买房形态，中国房地产市场如此复杂，出事是必然的。所以，关于房地产泡沫的破灭形式我就不多讲了。在这里，我只是就常识问题，作一些解答。

一、房价不可能下降?

我的回答：有谁发明过永动机吗?有谁看见过长到天上的树吗?房价只是万千商品当中的一种商品。在社会经济生活中，所有的商品价格都会有涨有跌。房价，自然也会有涨有跌。

一直涨的商品有吗?有。比方说，名人字画，稀世珍宝。

房子属于什么?一种遍地都是的普通商品，能够稀世到哪里去?房价这么高，完全是政府一手炮制，在房价中绝大多数是政府卖地的成本和税收成本。中国政府的调控，实际上是政府在纠错。我认为政府的纠错只是在拖延泡沫破灭的时间,而不能阻止泡沫的破灭。但是,拖延逆转不了趋势，改变不了规律。拖得越久，危害就越大。

二、再救市可能吗?

如果进行分析，我们就会发现，再救市，无济于事。

首先是目前中国的金融风险已经不可控。地方债务迅速剧增，投资项目绝大多数属于过剩产能和低效能项目。这个风险不知何时会引爆，而一旦引爆，局面同样不可收拾。在这个地雷没有爆炸的时候，决策层顾不上房地产。

其次是通胀不可控。货币发得太多，回收流动性太慢，导致通胀控制不力。为了控制通胀，央行被迫收紧货币，房地产雪上加霜，救房地产成为不可能。

第三是房地产体量太大，让救市变为不可能。中国的一个智库级机构有一个评估，截止 2010 年，中国房地产总值 180 万亿，按正常流转每年 20% 来算，总市值高达 36 万亿。而这 36 万亿的成交量，直接拉动 180 亿的房价上涨。这个数据告诉我们，房价只要上涨 1%，央行就要加印钞票至少 1.8 万亿，上涨 5% 就要加印 9 万亿钞票。

我们扪心自问：央行为什么要加印 1.8 万亿至 9 万亿钞票？先不说这些不动产再也不可能创造 GDP，就是可以收点租金又有多少？那么，央行每年送这么多钱给这些房地产的持有人有什么意义？做善事吗？不可能。

三、什么时候房价下跌？

我的回答：不用很久。但是，中国的房价就是一种货币现象，只要现在货币政策持续下去，开发商撑不过 2012 年。从 2008 年的情况看，第五次加息后的第四个月，房价普跌。预期打破后半年，房价开始大跌。

具体时间分析，请看我的《中国通胀，世界通缩》。

举个例子，美联物业，一家出自中国香港而享誉中外的地产中介公司，毅然关闭上海所有门店，收拾行囊，重整山河。比起 2008 年深圳中天置业董事长携款而逃的做法，两者不能同日而语，但是，他们所遇到的问题本质上是一样的，广大的中介公司正面临洗牌。

深圳谢先生在深圳南山买房时发现一个奇妙的现象，他准备买的二手房户型、面积、楼层和很多新楼盘的档次规格差不多，居然比旁边新开的楼盘价格高出5000元。他百思不得其解，打电话问我。我告诉他，这种情况在2008年出现过，是房价出现下跌的信号之一。因为二手房可以找人评估，价格做得越高，在银行贷款就越多，炒家牟利也就越大。不幸的是，在市场面前露馅了。在深圳实行新的评估和税制后，执行第一天，二手房成交量狂跌9成。

北京通州，2010年10月至2011年7月12日，合计供应住宅项目19个，提供住宅8525套。同期签约数为1887套，签约率仅22%。其中有8个项目的签约率在10%以下，签约率超过30%的项目只有7个。而同期北京全市平均签约率超过50%，通州区签约率位列全市各区之末。与2008年北京四五环之间、深圳后海、宝安中心区、龙岗中心城的情况如出一辙。

就开发商来说，2008年资金链出问题的都是大公司，有华南五虎之称的碧桂园、恒大、珠江、合生创展和富力，负债率大多高达190%，被4万亿救起来后，五虎，成了五熊，只有恒大还在盲目扩张。而这一次，资金链出问题将会从中小开发商开始，运气不一定比2008年好。

从2008年的情况来看，2011年后要出现四大问题：

一是断供。这是免不了的，因为很多人并没有购买力，只是因为房价疯狂上涨，才吸引他们飞蛾扑火，一股脑地扑进楼市；

二是退房，这是2008年出现最多的问题，现在市场已经经过了2008年的是是非非，已经完全不能接受退房，也没有人支持退房；

三是开发商破产，这是必然的，盲目扩张、胡乱借贷，房地产信托产品年化收益率高于12%就是一个警戒线，而房地产信托产品年化收益率现在已经高达20%，没有发展商可以支持这么高的收益，中小开发商必然有一些会破产；

四是外资进入房地产比2010年猛增78%，比日本泡沫破灭前还要高出18%，只要外资抽逃，这些利用外资的开发商资金链必然断裂。

所以，与其让老百姓忍受高通胀，不如让房价合理回归，似乎没有第二条路可走。只是我本人认为市场本身在走向良性运行的路上，要澄清几种谬误：

一是地方政府会支撑房价。我的回答是：房价是货币问题，地方政府没有货币权，这是常识。发展商如果听信地方官员的承诺，会很后悔。

二是很多人都买了房。我的回答是：股市6124点时，有更多的人买了股票。再说，如果买房自住，其使用价值并没有改变。

三是房价如果跌了，中国经济会怎样？我的回答是：吓唬不了人。房价如果跌了，经济该怎样还怎样。香港一年跌去50%，香港还是香港；日本一年跌去80%，日本还是日本。中国如果连房价下跌都经受不住，那还怎么自立于世界民族之林？

四是房价不会跌。我的回答是：看怎么理解？如果通胀加剧，房价名义上没跌，实际上不动产的缩水是最严重的；如果通胀在明后年被遏制，首先下跌的就是房价。

但是，这一场房价下跌，不仅是城市中产阶层和白领阶层受影响，把农民工也圈进来了，他们亲眼看见城市房价上涨引起的暴富，于是，把自己的血汗钱全部用于交住宅的首付。房价一下降，他们首先看见的是，自己几年十几年白干了。

下跌，泡沫破灭，不可阻挡。也许依然有人在鼓动，说持有房产的人未来还有机会。未来，真的还有机会吗？背负沉重的房贷，到哪里去找机会？

金市，一个资本的大圈套

黄金这个东西，只为少数人拥有的时候，是一种奢侈品；大家都有的时候，就是一种廉价品，不值钱。

我去年回老家过春节，母亲对我说："唉呀，金价涨了很多，把手镯卖了吧？"母亲说的金手镯是十多年前，母亲60大寿时，我送给她的贺礼。那时金价很便宜。我对她说，金饰和住房都是自己用的，买了就不要卖。

之所以这样说，是因为我当时暗暗吃惊。母亲一辈子是一个小学教师，平生只知道教书育人，从来都不知道卖来卖去的事，这回居然想到卖金饰。再说，我们股市上有一句话，等证券营业部挤满了炒股票的老太太时，股市一定会崩盘。黄金涨价这样的事，连普通老太太都知道涨得厉害，离崩盘也就不远了。

我们研究宏观经济时喜欢用数据说话，几年前，中国黄金年开采量只有17%用于工业生产，也就是手机、电器、汽车、饰品等，不能创造什么GDP；几年后，2010年，因为开采量的突然增大，用于工业生产的比例下降到11%。我们一年开采黄金228吨，其中，117吨用于出口，只有111吨在国内消化。而且，全球包括中国的黄金储量，一万年也开采不完，就是因为没法用于生产，很多国家限制开采，留给子孙。再说，现代科技在回收废品中提炼黄金，成本才每克37元人民币左右，而黄金市场价已经突破300元一克。你看值不值？

你想想黄金，30年前，刚刚有暴发户，我们嘲笑这些暴发户时，通常就会说：脖子上挂着一根金项链的傻瓜。那个时候就觉得金子不值钱，因为那个时候比金子值钱的是钻石。现在谁还去挂一根金项链来炫富？

30年前，年轻恋人互赠金戒指，以表心意。试问，现在年轻人还有几人买金戒指？早过时了。

就这么一种廉价的商品，却被国际炒家盯上了，在人民币大幅贬值的背景下，一下挑动了中国投资人那根敏感的神经，再加上货币超发，各路资金纷纷恶炒黄金，家家户户都是金条金砖。我问过一个买了大约半吨黄金的朋友："你相信将来你会开着悍马，拉着金砖，去做生意吗？"他愣住了："大家都买呀，黄金价格要暴涨，有的说要涨到5000美元。"

我跟他说，同样的钱用来投资，等黄金涨到5000美元的时候，也只不过翻三倍，我在股市或者外汇市场上，我会赚回300倍，你值吗？

黄金的定价权掌握在美元手中，炒作黄金完全是美国投资银行的大鳄借美元走弱之际，搜刮中国财富的行为，明眼人，谁都看得清清楚楚。一旦美元走强，黄金价格就会狂跌，由于这一轮炒作太成功，美元赚了大把的真金白银，据统计，2009年，中国民间在国际市场购买的黄金达79亿美元，2010年空前高涨，达到140亿美元。这200多亿美元，肯定会被美国收入囊中。这就是结局。

国际大鳄炒作黄金，在赚中国人的钱，这个浅显的道理，难道大家不懂？黄金储备只是政府行为，而对个人只是一种资产配置行为，不应该成为投资主体，不可能有很好的回报。而且这一轮黄金价格探底后，十年之内涨不起来。

第三节

GDP 增长本不重要，重要的是社会财富增加

没有人搞得懂，为什么中国一直顽固坚持拉动经济增长，即便是投资、出口、消费的三驾马车已经疲惫不已，也绝不放弃追求 GDP 的高增长，甚至冒着巨大风险，不惜狂印货币来支持高增长。这究竟是为什么？

经济的增长是有极限的，就像人的生命有终点一样。没有人会长生不老，经济的增长也不可能长期持续下去。这是常识，是一个简单的道理。

但中国试图在经济增长上制造永动机，拒绝衰退、调整和复苏。一遇经济衰退来临，会难以收拾。更加不可思议的是，纳税人养活了那么多主流经济学家，居然没有一人挺身而出，阻止狂印货币的行为，反而在事后编织理由，为滥发货币辩护。

什么是经济增长？

伴随着社会财富的增加，才是经济增长的正常状态。

首先，来看看 GDP。我们来看看统计局的数据，2011 年上半年国内生产总值 204459 亿元，同比增长 9.6%。我可以很肯定地说，2011 年上半年 GDP，无论用什么价格来算，都不可能到 20 万亿。理由很简单：现在的 GDP 数据都是名义 GDP，是由地方政府上报的数据累加得来的，每年

的 GDP，地方政府都会多报一万亿到三万亿，我按最低值来计算，半年多报了最少 5000 亿，204459 亿减去 5000 亿，只有 19.9459 万亿。还有，因为 M2 的严重超发，中国 2009 年，2010 年，2011 年，连续三年每年货币缩水最小值为 2011 年 11% 左右，最大值为 2009 年的 17.6%。

整个宏观经济数据，实际上没有多少值得高兴的信息。因为横向比，我们的经济结构严重扭曲，资产泡沫严重，债务危机一触即发，在通胀影响下全社会消费力进一步萎缩，消费指数降至 20 年来的低点，消费占 GDP 的比重由三年前的 40% 左右下降至今年的 27%。

所有的乐观都是盲目的。从全球经济风向标——PMI 指数来看，中国最好的年代达到 62 点，现在接连下降至 2011 年 6 月的 50.9，刚刚站稳在牛熊分界线上，离滞胀仅一步之遥，而滞胀是经济萧条的特征之一。现在货币发得越多、房价涨得越高，未来调整的时间就会越长，难度就越大。

再来看看社会用电量。什么工业增加值，第二产业增长速度，出口量增加多少多少，这些数据均会骗人，只有一个数据不会骗人，也无法骗人，那就是社会用电量。我相信科学，这种由计算机整套系统统计出来的数据如果缺乏准确性，除非是因为人为的破坏。如果有人连社会发电量也敢做假，那我们真是无话可说。我们的社会用电量，连续 3 个月增速下滑。2011 年 6 月份，全社会用电量 3520 亿千瓦时，同比增长 14.14%，增速比 5 月份下降 6.66%，环比增长 1.1%。5 月份是因为长假的缘故，许多工厂生产日减少，造成用电量下滑，而 6 月份的严重下滑，只能说明工厂开工不足。仔细来看，说明宏观调控起了作用，那种大跃进式的上项目行为告一段落，经济在恢复常态。而另一方面的本质反应，恰恰是新订单减少，工厂开工量下降。

中国经济任重而道远，危与机都在眼前，关键是遵循什么价值观的问题。如果以民生为重，那么，调结构扩内需，提了这么多年，我们作出了什么努力？房地产就不用说了，总有一天会崩盘。

当社会财富的增加为负值的时候，这样的经济增长，有什么用？

即将到来的资本战争

开篇致辞

正在写这本书，猛然看见一条微博，全文如下：

【镇江大港新区三位拆迁户半夜被偷拆】

2011 年 9 月 23 日晚镇江大港新区白云石矿家属楼在没有拆迁许可证的情况被半夜偷拆。根据刑法规定，这是故意毁坏财产罪的犯罪行为。记者打电话给镇江新区相关部门，答复是拆错了。那是房子，不是鸡窝，半夜拆错了？！

这里三位拆迁户中，有两位老人，住着自己的房子，出去玩了三天回来，发现房子被拆得精光，东西也完全不见了，没有地方落脚。自己的家，就这么不见了。这不是天下奇谈吗？

这些搞拆迁的人视法律于无物，难道不应该受到法律的惩罚吗？

我们所处的时代，用全球经济发展史的观点来看，全球经济正处在资本主义的最高阶段——金融资本阶段的初级阶段，国家与国家、机构与机构、个人与机构、个人与个人等社会关系之间和生产关系之间都在进行一场金融战。如果停留在强行拆迁这种弱智的手段上，那将为全人类所不齿。

撇开这件事不说，如果一个国家缺少法治，在资本战争面前，未曾开战，就会败下阵来。近30年来，金融战远比军事战争要惨烈得多。无论是东南亚金融风暴，还是美元连续两次攻击欧元，还是现在正在发生的一切。

在对经济数据进行理性分析后，我们来看看如何把知识运用到实战上，在此，我想和大家一起，对当今世界资本的动向作一个理性的分析，以供大家在以后的投资实战中分享。

可以说，国际资本现已云集中国周边，团团围住中国，只等美联储一声令下，一场旷日持久的争夺战，就将转变为肉搏战。如果我们麻木不醒，如果我们留恋房价泡沫，后果将会极其严重。这点，从美元的战略上，已经初露端倪。金融战迟早要发生，全球财富尽被美元收入囊中。

这一役对全球非常重要，可能给中国带来翻天覆地的变化，改变很多中国人的命运，全球财富流向将发生很大变化，甚至改变人类的命运。无论是谁，都逃不脱这场资本战争的洗礼。

第1章 三大战场硝烟弥漫

导读：资本战争的信号已经显现

首先，美元绝对不是善辈。任何非美货币都不用对美元存在任何幻想。因为美元的使命，就是终将剿灭一切非美货币。

2011 年 8 月 28 日，市场正在期待美联储推出 QE3 时，伯南克宣布，不推 QE3，向市场提供扭曲操作，卖出短期债券，买入长期债权时，我就预感，一场金融大战将很快展开。这里我先作出一个解释，我在《中国通胀，世界通缩》这本书中指出：美国的 QE 政策，旨在向全球输入通胀，以输入性通胀的方式，掠夺全球财富，实现全球财富的再平衡。但是，当这一招被全球各国释放后，最后的解决之道，就是开打金融仗。这是一个同输入通胀的方式完全不一样的战略行动。

所以，伯南克其实是在下战书。随后，我们看见的是什么？

第一是美元指数开始走强。这一轮的美元指数，在 2011 年 8 月上旬跌破 72 点，离历史底部只有 1 点多，再往下做已经不可能。到我写这篇文章时，美元指数已经接近 80 点。美元大涨当中，我们看见了什么？全球股市大跌，全球大宗资产价格大跌，黄金白银大跌。第二是我们很快看见在全球股市大跌中，最先走牛的就是美股，美国 PMI 指数不断创出近期新高，表明制造业一片繁荣。第三是美元在全球频频出击，各个击破。

第一节
美元将分三次攻击黄金

资本战争是一种赤裸裸的财富掠夺行为。因为是在全球通用的法则下运行，也就无所谓道德与否。尊崇游戏规则，紧盯财富流向，进行资本的攻击是基本状态。从全球来说，三大资本市场是外汇、黄金和股市，因为中国房地产累积了大量的货币，也在被攻击之列。

第一次攻击黄金

在 2011 年 8 月伯南克发表讲话后的一个月时间里，黄金市场出现了罕见的暴涨暴跌的“过山车”行情，不但在短短二十多天里，国际金价两次突破“千九”大关，而且在历史顶峰过后，金价迅即陷入低谷，出现了四次跌破每盎司 1800 美元关口的行情，更出现了一次狂跌 200 美元，直破“千七”的“蹦极”行情。

我对当时的市场提出过预警说：大鳄正在出货，投资人理应保持理性。不知死活的黄金投资群体仍然高位买进，一味做多。终于导致 2011 年 9 月 26 日再次大跌。黄金从 1920 美元高位，三天跌落到 1535 美元。盘面看，最快的时候仅用了半个小时的时间。

美元这是一次试探性攻击，并很快达到目的，许多投资人爆仓，市场上血流成河。现在美元要为第二次攻击黄金作准备，因此，让黄金价格回到1600美元上方。道理很简单,他们手上还持有大量的现货黄金没有出完,他们将把黄金价格控制在1600美元至1700美元之间,考虑到目前黄金价位全球只有中国投资人在买进,所以,他们会等到中国国庆节期间买盘涌入,出完全部现货黄金后,将开始第二次攻击黄金。

第二次攻击黄金

第二次攻击黄金的时间,是这样的,2011年国庆节后到2012年6月30日前。这个时间节点,是我经过多次研究判断出来的。根据美元指数走势的曲线,80点上方后一马平川,可轻取黄金价格到1300美元。因为国庆长假注定中国有很多人会购买黄金。在黄金分析师的怂恿下,乘着黄金价格回调,很多人开始抢购黄金工艺品和饰品,以及其他现货黄金。

节后,在某一个时段来临时,美元指数借第三次攻击欧元之际,也是他们的现货黄金出完之后,美元将向黄金全面开战,实施第二次攻击黄金,绞杀抄底购买黄金多头的财富,顺便回收美元。

我不知道我的预测会不会不幸言中,但是,市场往往就是这样无情。只有你理性分析美元指数的走势后,才能准确判断。这一役持续的时间将比第一次攻击黄金时间要长,一步一步将市场引向美元走强的轨道上,黄金价格将一点一点地往下走。

这一役在战略战术上并没有什么特别,但是,将重挫黄金多头的信心,让市场知道,黄金的价值无从估值,跌到什么价位,无人知道。该买的还会再买,该卖的也会照常再卖,市场一片繁荣。

第三次攻击黄金

最具伟大意义的是第三次攻击黄金。这一次不是单独攻击黄金，而是一次真刀实枪向非美货币开战的行为，是宣告美元牛市时代来临的宣言。所有强势的非美货币和中国房地产泡沫、大宗资产和原油，全在被攻击之列。

我不知道历史将会如何评价，我只知道，这场资本战争最后要改写的不仅仅只是经济运行的轨迹，也将改写有些国家的政治制度。由于黄金囤积了大量的财富，价格与价值完全背离。在这个巨大的泡沫升腾起来的时候，各方人等粉墨登场，纷纷为黄金大唱赞歌，这是没有用的，因为黄金根本就不是货币。而且，在美元走强后，根本就不是直接针对黄金，而是真正的包括人民币在内的所有强势的非美货币，打压黄金对美元来讲只是赚一笔大约 2000 亿美元的小钱，这其中大约有中国民间 1100 亿美元的财富被搜刮一空。

所以，本轮美元究竟涨到什么时候，现在还不好估测，但是，根据美元指数翻转走强的情况来看，可以上攻 90 点。根据我在写作《中国通胀，世界通缩》这本书时所创建的数据模型分析，美元指数站稳 90 点时，人民币开始贬值，中国房价泡沫开始破灭，没有哪个开发商能够支撑住房价。

这个时候，黄金价格将会见底，喜欢黄金的朋友，可在此时选择好的价位，适度进仓。

值得提醒投资人注意的是，此时黄金会出现三个买点：一个是 1045 美元。这是本轮黄金泡沫升起的地方，是印度央行购买国际货币基金组织 200 吨黄金的价位。这个价位，对黄金构成一定的支撑。如果支撑不住，会直接先破 1020 美元的价位，1000 美元是没有支撑的，这是会出现第二个买点，是 920 美元。这个价位对黄金构成强支撑。

但是，很多事是很难说的，2008 年 7 月，我们根据美元指数判断国际原油价格走势时，认为 50 美元会构成强支撑，结果一直跌到 36 美元才见底。所以，黄金最后跌至什么价位，就很难说了。我本人认为，920 美元的黄金，有投资价值。对买现货黄金的朋友来说，可以出手。但究竟 920 美元能否支撑住也是两可之间的事，请投资人注意风险。

第二节

三天掠走中国股市 100 亿人民币

中国的股市一直在底部运行，受到国际资本攻击的可能性较小，但是，市场的种种迹象表明，国际资本这次连股市也不会放过。

2011 年 9 月 20 日，A 股上午收盘前 10 分钟，萎靡不振的股市大盘又一次给大家带来失望的情绪，谁都不再心存什么指望。但是，就在临收盘 10 分钟，银行、地产个其他大盘蓝筹同时发动，100 多只股票同时上涨 2%～3%，大盘瞬间翻红，整个市场为之震惊，股市下午以红盘报收。

2011 年 9 月 21 日，大盘纷纷跳空高开，稍作下探后，金融板块直线拉升，大盘受此带动强势上攻，一举收复 5 日、10 日均线。午后水泥、煤炭等权重股相继发力，大盘高位震荡格局。截至收盘，两市个股呈现普涨格局。

2011 年 9 月 21 日上证综指开盘 2450.12 点，最高 2517.67 点，最低 2438.85 点，收报 2512.96 点，上涨 65.21 点，涨幅 2.66%，成交 881.88 亿；沪市 966 家上涨，8 家下跌；深证成指开盘 10683.29 点，最高 11035.24 点，最低 10639.42 点，收报 10991.85 点，上涨 312.55 点，涨幅 2.93% ，成交 716.84 亿；深市 1435 家上涨，35 家下跌。

市场分析是超跌反弹，有的人认为是国家队进场。事先谁也没有察觉，以为是国家队进场，实际上是国际做空基金一次成功的操作。截至 2011 年 9 月 22 日收盘，上证综指报 2443.06 点，下跌 2.78%，基本上把 2011 年 9 月 21 日涨上来的指数如数跌回去，沪市成交量 748.9 亿。这一天成交量比前一天整整少了 134 亿。

这是谁干的？不是国家队，还有谁有这么大的资金量，能够同时推动大盘大涨，而在第二天又能顺利出逃，套死一批中小投资人。只有一个可能，那就是国际热钱的一次操作，也是对中国股市的一次试探。按照他们的操作手法，这次只要成功，接下来他们将要打压股市大盘，挤出散户手上的筹码，找低点建仓，然后，再拉高出货。

不出意外，大盘在国庆节后将要重复一次暴涨暴跌。暴涨时候，绝非一两天，可能会持续 5～10 个交易日，然后，高位出逃，赚取短线暴利。这是国际热钱对待中国股市的方法和操盘技巧。当然，在中国房价泡沫破灭之前，他们将会把股指打到最低。

遗憾的是，官方对此毫无感觉，也没有采取相应的措施，这样，将会导致国际热钱的长驱直入，最终达到做空中国的目的。

第三节
楼市不攻自破

美元能够陈兵中国四周，机会都是中国给的，早在加入WTO时，就已经陈兵布阵，只等时机成熟，就开启一场饕餮盛宴。然而，国人对此充耳不闻，以为中国房价是牢不可破的，拒不承认巨大泡沫对市场的扭曲，但是，市场无情，资本无情，泡沫必破。

关于房价如何破灭，我在《中国通胀，世界通缩》有过详细的描述，本书前面我也分析了房价可能出现的买点。所以，本篇不作详细论述，我只想就此问题，找出应对的方法。在找到这个方法前，我先来回答几个问题。

什么是创造货币？

有的网友看过我的6000余字长篇博客《中国未来房价走势的分析和预测》，看不懂为什么储蓄减少，问我，可以认定是炒家出逃吗？我先解释一下什么是创造货币。

这个概念是诺贝尔经济学奖得主萨缪尔森提出来的。要详细讲解创造货币要很长篇幅，短时间内没法讲完。所以，我来和大家讲一个通俗的比喻。

比方说，100万买一套房，我付30万首期，70万做按揭，完成了我的第一次创造货币，我用 30 万买了 100 万的资产。再比方说，一年过去，我评估我这一套房子，而评估是一个给房产价值重估的过程，在经济增长周期，估值度偏高。假设这套房产评估成 150 万，而我又卖出去了，而在卖出去前，我必须先偿还贷款，就要先取出我的储蓄存款。这就造成储蓄存款大搬家。

现在别人要买我这套房，花 50 万首期，贷款 100 万。这个贷款，银行统计在新增贷款当中，和储蓄不相干，而这个人同样要取出储蓄存款 50 万元以交付首期。这样一个过程，实际上完成了一个货币创造的过程。同样一个房产，多创造 50 万货币，但是，房产还是那个房产。

这样的过程创造出来货币，必然导致两个结果：一个结果是通货膨胀，一个结果是泡沫泛滥。

如果储蓄还在增加，那就表明，卖掉房子的人把钱存进了银行，还在继续买房子。如果储蓄减少，就表明资金逃出房地产，创造出来的货币另作他用。大规模的储蓄减少，只有房地产这个行业可以做到。买黄金、买理财产品、买其他金融资产，都不可能导致储蓄存款大规模减少。

按中国储蓄总量来看，一个月储蓄存款减少 4000 亿，就表明炒家出逃。何况，顶峰时期，一个月内储蓄存款减少的数额达到 7000 亿。所以，我认为，楼市大炒家已经成功逃顶。

什么是滞胀?

滞胀在宏观经济学上没有严格的界定。其实很简单，我认为，通俗的解释就是：经济已经减速，而通胀还在高位，这一过程称为滞胀。

这一过程，在美国、欧洲和很多国家都出现过，最典型的两种特征：一种是美国格林斯潘年代，网络泡沫破灭前，有过一年的滞胀，随后泡沫破灭，格林斯潘采取降息刺激消费，维护经济增长；一种是阿根廷、越南和日本，一般处在汇率升值的末梢，有的长达两年，随后，房产泡沫破灭，再历经 10 年至 20 年的萧条。

中国无疑属于后者，现在正处在滞胀时期，什么时候泡沫破灭，不取决于政府的决策，而取决于外资何时出逃。很多人认为，政府可以保证泡沫不破，但是，迄今为止，我是没有听见谁代表政府讲过会维护泡沫不破。

明白了以上两个问题，我们就知道问题的严重性在什么地方。

从某种意义上说，中国房价泡沫风险敞口无穷大。从理论上分析，美元套利而逃有三个时间节点。一是美元指数站稳 90 点时，美元会出逃中国，转投美元资产。这是一个很重要的指数，这个指数确立后，意味着中国开始通缩，中国房价泡沫破灭，很多楼盘出现 50% 的降幅，整体资产价格开始下降。二是黄金价格见底后，美元会转头攻击中国的房价泡沫。美元始终追逐暴利，这是资本的性质决定的，不用谁去指挥，而是一种完全自发的行为。中国政府显然知道美元出逃的厉害，为了国家资产不至于蒙受损失，只有牺牲房地产。三是人民币升值见顶。人民币不升值不行，如果升值见顶，那对房地产也是一件要命的事。因为这意味着整个经济的一个大转型，中国从此不再依赖房地产业。

全球最大的一场资本战争就在这三个战场全面开战，胜算几何，考验的是一个民族的智慧。在国家利益面前，没有退路。我们拭目以待。

第2章 全面攻击资金市场

导读：量子基金蓄势待发

索罗斯在东南亚金融风暴后说了一句话，耐人寻味：只有这些国家金融系统出现问题而自己醺然不知时，我们才会对他们发动攻击，以警示他们不再犯错。本文只作提示，不作详谈。

东南亚金融风暴后，只有中国香港不长记性，依然在衍生泡沫，恶炒房价，不注重产业的成长性。当中国香港第三产业的政策红利消失后，当上海的迪斯尼建成后，当海南免税规模扩大后，就是中国香港经济全面衰落时，港币，必将再经受一次劫难。而亚洲四小龙和东南亚各国正在崛起，中国香港日渐没落。

但是，量子基金屯兵中国香港，其意图不在港币，而在人民币。只要将人民币收拾好，不再危害全球经济的平衡运行后，它一定会发动第二次攻击对战港币。此是后话。实际上一切已经晚了。等我们发现量子基金屯兵中国香港时，量子基金已经完成对中国人民币做空的布局。

首先，人民币做空的敞口巨大，随便出以重拳，打哪儿都行。2009 年以来，在美元的诱导下，人民币 M2 以 29.7% 的全球第一的增速疯狂扩张，就将自己的软肋暴露在量子基金的炮火射程里，一览无余。

先说外汇。目前人民币外汇储备尽管高达 3.2 万亿美元，今年新增外汇可能达到 3000 亿美元，加起来约为 3.5 万亿美元。这些外汇储备数据很大，加上新增的，实际能够流动的不到 9000 亿美元。而公开报道的量子基金已经布局 1.2 万亿美元。人民币兑美元在 8.2 元时，华尔街就在筹划十多年后如何攻击人民币。这不是因为华尔街高明，而是国际资本的本性使然，只等人民币升值到中国外贸出现持续逆差时。

再说股市。QFII 基本完成对中国 A 股的战略布局。A 股还有下行的动力，B 股已经跌至历史低点，什么香港直通车、什么国际版、什么池子，全都是画饼。概念很好，但是落实不力。最后的一切，都是虚幻。当 A 股真正见底时，总市值不到3万亿美元，一轮行情就会启动，QFII的狰狞面目将会暴露无遗。

再说楼市。房价还在死撑，这源自政府一直没有明确的房价预期。金地、恒大和其他几大巨头，目前的融资渠道来自外资，数额巨大，很多上市房企纷纷加盟以外资为背景的房地产信托，导致房地产信托年化收益率突破20%。他们不肯降价增加销量以维持资金链，而宁愿把股份抵押给外资，这会和日本当年一样，外资抽逃，泡沫破灭。

其次，通胀将会越演越烈，政府每月都在做着通胀下月见顶的美梦，3月份说4月份见顶，4月份数据出来又说5月份通胀见顶，5月份数据出来又说6月份通胀见顶，自己迷惑自己。这一轮通胀真正的见顶时间表操作在高盛手上，你说5月份CPI见顶，高盛马上把猪肉价格一个月上涨60%，你还见什么顶。等6月份数据出来，你说7月份见顶，高盛会在7月把粮食价格上涨60%。

政府没有那种强烈的意愿来遏制通胀，已经错过了遏制通胀的时机，这点连外国人都看得清清楚楚。2011年6月14日，中国公布5月CPI同比上涨5.5%，创34个月以来新高。当日，索罗斯接受采访时称，中国已经错失了抑制通货膨胀的机会，中国经济目前可能存在硬着陆的风险。

在这种背景下，促使量子基金启动攻击人民币的舆论攻势。国际评级机构将中国房地产评为负面，只是一个信号。你可以不听，但是，传达给市场的就是美元抽逃的信号，这还是玩心理战，还没到真正发动攻击的时机。那么，我们将如何应对？我们还有时间来应对吗？还是继续在泡沫中裸泳？

第一节
做空中国从中国概念股开始

高盛的一个交易员说：世界的主宰不是政府，高盛才是世界的主宰。这句话一出口，把BBC的女主播吓得目瞪口呆。因为电视是直播，一下就影响了全球。

事实也是如此。但是，这只能是相对美国而言，对中国来说，高盛实力尽管强大，但是，要成为主宰是不可能的。中国政府是一个强大的政府，资本的力量远远不能强大到与政府相抗衡的地步。然而，挑战政府权威的不是民众，而是开发商和地方势力。双方勾结，是某些政令无法得到执行的主要原因。这条利益链已经影响到了国计民生,要么抓贪官,要么降房价，二者必居其一。这是中国内部原因。

在外部，我们看见的是，中国概念股股票大跌。

美国司法部决定对中国的这些上市公司展开调查。曾经受到热捧的中国概念股，遭到全球投资人的疯狂抛售，股价不断狂泻。

仅2011年9月29日这天，截至美东时间下午4点，道琼斯工业平均指数上涨143.08点，涨幅为1.30%，至11153.98点；纳斯达克综合指数下跌10.82点，跌幅为0.43%，至2480.76点；标准普尔500指上涨9.43点，涨幅为0.81%，至1160.40点。

中国概念股普遍下跌，15只股票跌幅超5%，优酷网暴跌18.31%，分众传媒跌18.17%，国人通信跌12.04%，新东方跌11.68%，展讯通信跌10.95%，土豆网跌10.24%，新浪跌9.70%，斯凯网络跌9.24%，搜房网跌

9.22%，百度跌 9.17%，盛大网络跌 9.04%；侨兴环球逆市涨 8.22%，空中网涨 6.37%，联游网络涨 6.36%。

至此，新浪股价从高位的 147 美元，很快跌去 50%。

以我对这些上市公司的了解，有些公司在中国都达不到上市的条件，却跑到美国去上市，唯一的办法，就是数据造假，财报造假。造假在中国很普遍，但是，在美国，财报造假是要受法律的追究的。

也就是说，不是我们不帮我们自己说话，而是这些东西在美国是不允许的。量子基金正是在这一块打开中国经济的缺口，全面做空中国。

这些年来，中国在经济的主导思想上是不顾一切追求经济增长，而忽视了经济质量，忽视了民生的改善，忽视了经济结构的转变，没有钱就算印钞也要搞那些低效能高耗能的产业，加上贪官横行，缺乏效率。这样的增长有什么意义？

中国概念股，本来代表的是中国最新兴的产业，在全球亮相，却成为全球的笑柄。今日上市，明日上庭，不断被投资人告上法庭。

再看看量子基金的操盘手法，已经是咄咄逼人。

一方面让中国概念股狂跌，一方面直指中国经济的中枢——银行业。他们是这样的操作的，动员国际三大评级机构之一的惠誉，不断“唱空”中国银行业，对地方融资平台贷款、社会融资总量、房地产贷款等提出质疑，并表示未来几年内中国银行业出现运营困难的风险极大，宽松信贷政策的依赖、通货膨胀、房地产行业的贷款风险都成为中国银行业的隐忧。

惠誉列举了三大理由：

第一，中国过去两年投资基础建设过多，使地方政府负债比较严重。这个所谓的地方政府债务违约的风险，更会产生支付危机。这是要命的事，如果产生支付危机，远比希腊造成的后果更严重，因为这样一来，政府的诚信就不存在了。这是国际社会最为担心的事。

第二，他们认为2009年年初开始，很多企业还不起钱。当时我们因地制宜，借新款还旧债。可是借了新债之后很多银行不把这次的债务当成债务来处理，因此风险被压低了。事实上，这一条很有说服力，因为我们经常隐瞒真相，把好的事夸大，把问题降到最低。西方人讲究的是危机意识，没有危，就不会有机。

第三，2008年之后，惠誉发现大概有5.6万亿元的贷款包括票据融资没有列入正规的银行贷款组合当中，因此目前所谓的坏账率本身只是部分的坏账率，所以某些银行，包括四大国有银行的坏账率我们都担忧可能会到8%。这些是要命的事，而且一点也没有夸大。

因此这三个理由，让惠誉对中国的银行业给予了负面的评级。

惠誉的评级事件未过，"末日博士"鲁比尼也挥刀上阵，向中国砍下三斧子。鲁比尼说：中国依赖投资搞基本建设来拉动GDP，属于过度投资，目前已接近国内生产总值的50%，创造了一个潜在的债务问题和大规模的产能过剩，这两者最终会拖慢经济增长，并可能导致经济硬着陆（即经济增长大幅放缓至5%或更低）。鲁比尼在这里有一个数据不准，中国的投资在2010年的GDP比重，突破了57%。

鲁比尼放言：中国传统的增长模式是以出口为主导的工业化，一个弱势货币，大量的净出口和对GDP贡献比较高的固定资产投资；高的企业和家庭的储蓄率；占GDP比例非常低的消费。由于消费占GDP的比重在20世纪80年代的52.0%下降到2010年的33.8%，经济增长越来越依赖净出口和固定资产投资。到2008年为止，经济增长率越来越表现为净出口占GDP的比重急剧上升的产物：从20世纪90年代初的0到2007年的高峰期的9%。

鲁比尼对中国的消费连年下降深感惊讶，他实在想不通，一个经济高速增长的经济体，主要推动经济发展的因素，数据会连年下降？也就是说，一方面经济在高速增长，一方面城乡居民越来越穷，才会导致消费连年下降。当然，他列举了大量数据来印证他的观点，我也深有感受。

鲁比尼作了大量论证，认为中国经济在2012年～2013年之间，将会硬着陆。

这是摆在台面的信息，并不可怕。可怕的是，人们四处在找美元，全球各国都闹美元荒，美元去了哪里？仔细分析，这些美元大部早已来到了香港，承担的使命是做空中国，大发横财。我不知道，我们如何应对，但是，我知道的是，这场资本战争即将开锣。而在当下，中国概念股被资本冲击得稀里哗拉，中房信被迫从纳斯达克退市。我相信，还有更多的中国股票将被迫退市。

第二节
量子基金的策略

黄金不跌，中国房价泡沫不会破灭。道理很简单，如果黄金价格在高位，留下的这些中国楼市炒家手中持有住宅的同时还持有黄金，一旦他们的资金链出问题，他们会卖出黄金维系资金链而不会抛出住宅。所以，只有把黄金价格打入低谷，他们才会被动，那时他们不会抛出黄金，而是会选择抛出住宅。

关于黄金，我在2011年9月在新浪微博上进行了盘中的现场直播。在跌破1600美元以后，明显是美元在试探做空的动能究竟有多大，他们从1600美元打压价格，一直到1535美元，仅仅只花了1小时13分钟。黄金根本就没有买单，可以一直打压下去。但是，美元没有这么干，何故？我事后经过仔细分析后确认，他们很轻而易举可以把黄金打压下去，但是，他们自己持仓的黄金量太大，一时走不完。所以，必须将价格控制在1600美元至1720美元之间，逐步出货，再迅速打压黄金价格至1300美元左右。

此时，美元开始休整，并将黄金价格控制在1300美元。在一个重要的时间节点，在美元指数继续上涨的通道上，一直把黄金打压到1045美元附近。

量子基金对于中国货币走势的基本判断是有依据的。

在通胀没有消退之前，中国货币政策不会有大的调整，货币政策基本按兵不动，金融工具会进行频繁操作。所谓的金融工具，在货币政策不变的情况下会呈现什么状态呢？我们来分析一下。

券商资金买入国债，然后卖给金融机构，拿回钱，过一阵子，再拿这个钱稍加一点利息从金融机构手里买回国债，就可以没有成本地一边享受国债的高息，一边只需付给金融机构短期借款利息。这种形式的盈利是很稳定的回报，不过这个利差是很低的，所以券商会继续利用手头这笔资金在赎回国债前，买入新的国债，再卖给金融机构，不断赚取利差。这样多次操作之后，杠杆被放大，利差积累也就比较可观了。这是中国券商为什么在股市低迷的情况下，还能保持盈利的主要收入。

可是，市场已经发生了变化，因为资金紧张，而且这个资金紧张的局面是大家都要面对的，市场严重缺少资金，而大家都要借短期借款过桥，只有这样才能解决资金链紧张的问题，所以短期利息被炒高，甚至比长期利息还要高。经常会有报道显示，月末的时候，一天的利率达到 0.6%，甚至 1%。券商再这么做，无法获得长短期利息差，甚至还要亏钱，所以不再这么搞。买进的国债放手里，不再和金融机构交易。以前和金融机构搞的那些卖国债之类的交易都赎回，把杠杆降下来。在降低杠杆的同时，之前被创造出的一些货币也被回收了。整个市场的资金就更紧了。

这是券商面对资金紧张时基本的操作行为。

那么，我们再来看看央行的作为。央行发行的货币为基础货币，这些钱流入市场之后，可以通过一些金融手段放大货币的总流通量，这种方法在金融学上称作为货币的乘数效应。

比如存钱之后贷款，如果按照央行的规矩，存贷比 70% 来算，那么 100 元钱就变出来 170 元。那么货币乘数就是 1.7，用基础货币 100*1.7=170。这个 170 就是货币总量。要是多出来的这 70 元再存银行，再贷出来，那就又多出来 49 元。那货币乘数就是 2.19，用基础货币 100*2.19=219。这个 219 就是货币总量了。

存贷款是一种最基本的增加货币乘数的办法，现在金融创新多了，还有很多其他的手段。比如委托贷款、投资理财，以及基金、券商等机构做的回购操作等等，这些都是可以100%货币再造的。现在货币再造的过程出现了逆转，货币不再被创造出来，反而被回收回去了。借出去的钱，被收回来，社会上流通的货币总量出现下降。所以才会出现除财政性存款外的其他存款都大幅负增长的情况。通缩，一触即发。

那么，如何才能扭转这种情况呢？那就要看央行行长对市场情况的看法，就中国决策层面来说，一般的情况下，是要在通胀降低到3%之后。CPI回到3%之内，是世界央行通常的做法。中国决策层为了保增长，把CPI目标定在4%，那么，最少CPI要降到4%以后，货币政策才有可能发生变化。

要命的是，通胀居高不下，决策层无法调整政策。

开发商的资金链开始出现断裂，有的开发商开始外逃；这时房价还处在高位，而美元基本出逃；这时人民币停止升值，开始波幅加大，继而开始贬值。这些迹象一出现，量子基金将会在外汇、房价泡沫、政府债务、股市各个资本市场发起攻击，对中国房价泡沫发起进攻，引发房价泡沫破灭，大获全胜。

第三节
第一次攻击人民币

千万不要以为攻击人民币的行动事发突然，是一次偶然。国际资本的本性决定，哪国货币只要出了问题，就一定在他们的攻击范围之内。现代金融史，本身就是一部掠夺与被掠夺的历史。从美元指数的历史曲线我们可以看出，美元最辉煌的时候，是1997年攻击东南亚所有货币的时候，将泰铢、越南盾、港币和东南亚其他国家的货币冲击得稀里哗啦，在这些国家货币脆弱之处，尽悉掠夺真金白银。那时，美元指数最高突破121点。

随后，欧元区成立，让美元深感恐惧，先后对欧元发起两次攻击，一下把欧元区的软肋暴露在全球货币的眼睛底下。目前，正在发起第三次攻击欧元。

十年磨一剑，美元究竟要干啥？

第一次攻击欧元之后，美元就步入慢慢熊途，再也没有攻击东南亚时的那种不可阻挡的锋芒和锐气。难道，美元就此趴下了吗？没有。在我的分析中，美元是在铸剑，铸一把锋利无比的倚天之剑。锋芒所指，就是人民币。

现代金融早就揭开了那层面纱，时刻将自己的真实意图，暴露在光天化日之下。一切都是赤裸裸的，关键是各人的理解不同罢了。

当巴菲特于2011年9月再次走进白宫时，就受到全球资本的关注，奥巴马究竟要干什么？随后，巴菲特走出白宫，悄无声息地绝尘而去，奥巴马就开始宣布，以向富人征税的方式来减少负债。当时我就在思索美元究竟会走出一轮什么样的行情，对全球经济产生什么样的影响。许多人痛恨美元，许多专家编织出关于美元的种种谎言，不过是为了满足中国人痛恨美元的心理罢了。痛恨只是一种情感的发泄，而资本从来就不讲感情。所以，痛恨是没有用的。对付美元的唯一办法，就是战胜美元。

人民币要战胜美元，就像一个三岁的孩子，捂紧拳头想要将一个40岁的强壮中年男子狠揍一番的样子。解气，却不可能战胜对手。更何况，这个三岁小孩正在发高烧。而美元正在养精蓄锐，准备着一场史无前例的资本战争。

从逻辑上来推理，放眼全世界，除了欧元，只有一种货币在向美元叫板，那就是人民币。在美元的眼里，人民币只是一头肥猪，养大是为了宰杀。而人民币是自己想把美元当做对手。

伯南克说，把较低的利率水平维持到2013年。

这句话的意思，只能给人民币一年多时间，就要发动这场资本战争。我的分析是，这句话是一种暗示，2013年美联储将会加息，而不是推出QE3。要把这个问题讲清楚，首先让我们来看看美元指数，欧元区成立后，美元指数就开始走熊，市场在开始预期，欧元将来要取代美元，汇率从1∶1一直贬到1∶1.56美元。随后，美元指数开始走熊，最低探底至70点，几次想重返100点，都是无功而返。

第三次攻击欧元后，美元必定攻击人民币。因为那个时候，对美元产生威胁的只有人民币。这十年，美元的做空，是为了2013年后的走强，同时，将人民币打回到8.2元的水平。从美元指数上可以看出，美元在75点下方和72点上方已经整理了一年，积蓄了顽强的动能，时刻准备爆发。而这一轮的高点在突破80点后，会直指90点。

一涨一跌，中国外汇储备大幅缩水，这场资本战争的结局就是，最后不是美国欠中国的债，而是中国可供流动的外汇储备瞬间不见，中国央行将被迫买进美元，人民币将会停止贬值。

第一次攻击人民币，必定从2013年开始，持续时间多长很难说。

第一是中国经济开始步入滞涨，也就是衰退中通胀。造成这种情况，是因为中国税负繁重，占成本的20%～30%左右，有的甚至更高，使得各种商品价格无法降价，大批企业破产倒闭。中石化中石油为什么到了该涨油价的时间一天都不会等，而一到下调油价的时间窗口时却迟迟不下调油价，就是因为最大的利益人是管理部门。

整个市场是扭曲的。房价也是这样，根本就不是市场供求关系来决定的，而是政府来定价的。开发商这次为什么死定了，就在于和政府利益产生了冲突。最后的结局是什么？必定是开发商缴械投降。

对外来讲，美元的真实意图已经暴露无疑。十年磨一剑，功败垂成，在此一役。

美元的战略和人民币的防御

美元的战略目的很清楚，打掉一切潜在的对手。让所有的非美货币币值回归正常，全球经济才不会发生大的混乱。而且，这并不是美国政府要这样做，而是国际资本自然形成的市场诉求，也就是纯粹的市场行为。

正像外汇市场一样，每天6.5万亿美元的成交量，有谁能够操纵？中国央行的汇率是管制的，所以，很多行为属于操纵，人民币在外汇市场上根本就没有多大的成交量，也从来没有人认为人民币属于强势货币。人民币想在外汇市场有一席之地，还是很遥远的事。这样给美元攻击人民币带来的战略考虑，不可能是完全市场化的行为。

因此，美元和人民币之间，在这十多年来，一直在打打摸摸，贸易争端一直没有断过，双方最后都是通过外交和政治途径来解决问题，从来都不是让市场来解决问题，这样的问题积累下来，最后引发的将是市场的大调整，在这种调整之中，美元所要做的只能是运用金融手段展开争夺战。

在汇率问题上，美国也一直在逼人民币升值，升值到何种程度，谁也说不清。尽管，后来的《中国汇率报告》最终得到美国参议院的通过，只能说明中方通过政治手段促成某些条件的达成，而不是尊重市场规律，取得了汇率和贸易的协调平衡，避免顺差的继续加大。

从市场反映的情况看，一有风吹草动，资金最终选择的避险渠道一定是美元。中国外汇交易中心公布的数据显示，2011 年 9 月 29 日人民币对美元中间价为 1 美元兑 6.3665 元人民币，较前一日回落 42 个基点。不过，受到节前美元购汇需求等的推动，国内即期市场开盘人民币对美元 6.3980 元，跌幅较中间价 6.3665 元已达 0.4948%。午后则连续触及 6.3983 元跌停位，并维持至收盘。

有的媒体人士惊呼：人民币罕见跌停。其实我心里很清楚，以后的岁月，人民币将经常跌停，央行将被迫出手购买美元，一直到最后无钱可买的时候，才会被迫动用外汇储备。最后的结果，外汇储备当中，可用于流动的部分将归于枯竭。

官方曾公布，在房地产信托产品中，只有 570 亿美元，意思是数额较小,不怕热钱出逃。事实上,这个数据统计的只是外汇占款部分。所谓热钱,是指近十年在外贸出口当中产生的所有的在国内超发的人民币。其风险敞口远远超过3万亿美元。如果3万亿美元集中出逃,那将是一件很悲剧的事。这也是越南、阿根廷和日本房价泡沫破灭的直接原因。

对中国来说，唯一的办法是在热钱出逃之前，把房价降至热钱无利可图的价位，这样才能阻止热钱出逃。遗憾的是，我们可能做不到。2011年5月中旬李嘉诚把上海长乐路的甲级办公楼以44.38亿的“贱价”整盘出脱；大摩也开始不避讳、公开以低于当地行情价5～6万的价格叫卖，才让市场出现“外资出逃”的讨论声音；而真正让人头皮发麻的，是世界知名而财大气粗的黑石集团,2011年年6月收购上海的长寿路商业广场90%股权，已预付8000万元保证金，却直到今天迟迟未付清余款10.17亿元的事件曝光后，群情始为之哗然，因为这既说明其资金筹措能力已今非昔比，或库存“粮草”（资金）不足，也显示黑石基金及其投资人对上海楼市的前景有所疑虑。

2011年9月24日，黑石团体已同意将其所持有的上海Channel1购物中心95%的股权出售给香港富豪郑裕彤旗下的新世界成长有限公司，价值为14.6亿元人民币。听说，这是黑石团体首次从中国区域房地产投资中撤出。黑石此举，在市场引起强烈的反响，实质上是表明，外资已经不看好中国房地产。因为，作为全球最大私募股权投资公司的黑石，不仅实力大、研判本领强，而且其一举一动备受投资者存眷。黑石的投资方向、规模、区域改观往往被看做是市场的风向标。黑石这个当口从中国房地产投资中撤出，表明外资在公开出逃。此举对国际热钱的影响是巨大的，也是一件牵一发而动全身的事。一般来讲,黑石出逃半年后,其他外资就将纷纷效仿,以此推算，2012年3月后，外资将集中出逃。

如此严峻的局面，没有引起政府管理层和开发商的重视。他们在坐等什么？

我不知道。我觉得现在最好的办法，是把真相告诉大家，这个时候需要的是预警。尽管离人民币遭受攻击的时间还有一段时间，但是，时不我待，预防在先。

首先，我们应该着力解决内部问题。问题出在内部，宏观经济的构架必须重新搭架，现在中国依赖投资拉动经济是愚蠢的做法，过去的烂摊子除涉及国计民生的重大项目外，其他的项目一律不应该再继续下去，等以后有钱再说。现在急迫是启动内需，大力发展第三产业，战略上做好农业，夯实基础再说。

其次，外管当局应该24小时监测汇率变动情况，及时提供全球资金流向分析报告，随时堵塞漏洞。在操作层面上，一定要有得力的干将，精悍的团队，全力实施外汇交易管理，保持对外贸易的平衡。这个时候是极易产生贸易摩擦的时候，原则问题应该不能让步，绝对不应该搞权钱交易。

其三，房价是守不住了，降多降少不用在意。我的观点是，房价上涨，表明是在创造货币，所以货币越来越多；房价下降，除了全民财富缩水以外，没有其他的任何负面影响，因为这些财富本身就是泡沫。房价下跌，对银行来讲不存在大的风险，反而能有效帮助回收货币。至于中小开发商的破产倒闭，是避免不了的。房价降下来，外资愿跑就跑，我们损失不大，否则，国民财富会被搜刮一空。

其四，货币政策不要再提什么宽松了。美联储的量化宽松，也不过偶尔，中国人民币凭什么长期宽松？现在的汇率、利率是处在扭曲状态，应该回归常识。

其五，防御失守，人民币资产将海量蒸发。

这个问题我不想谈很多，因为后果很严重。有些危机是加入 WTO 以来一直累积下来的，一朝爆发而已；有些危机是体制原因导致的，而这个体制距离资本主义的最高阶段的规则要求相差太远，在国际资本的进攻面前毫无防御能力；有些危机，是中国无法回避的。我相信高盛分析师的一句话：主宰世界的不是政府，而是高盛。

此次，中国如果大败，最后一定失败在房价泡沫上。因为利益集团互不相让，所谓鹭蚌相争渔翁得利，最后双方皆败，美元完胜。

中国资本市场与未来投资价值分析

开篇致辞

资本市场的乱象，将有可能持续到2013年政府换届后。目前，政府出手救市似乎不太可能，投资人必须自己救自己。

理性地看，股市有起有落，因为股市是中国唯一一个有真正意义的资本市场，金市、楼市、期货等都不是严格意义上的资本市场，其制度设计和法制环境还有待完善。无论炒金或者炒楼，最后都会血本无归。越疯狂，亏得越狠。资本市场对投资人来说面临的都是套牢，只不过是股票被套牢，随时都可以斩仓出局，以便寻求新的机会，而黄金和房产被套牢，可能就是一辈子的事，套牢者将终其一生再难捕捉新的机会。

关于金市和楼市，我就不多说了，因为前面已经讲了大的趋势。现在我来重点讲讲股市。

按照现代金融理论，中国城乡居民，面对金融有四大决策：一是消费决策和储蓄决策；其次是投资决策；再次是融资决策；最后才是风险管理决策。

以上四点，是齐家原则。无以齐家，何能决策天下？而把握了这四点的主次，才能维护家庭的稳定和发展。

消费是定量的，是每月必须支出的。作为储蓄，是部分收入供未来使用的结果。储蓄量不可太大，但也不可太小。这笔钱应该按家庭收入等比例增加。而融资决策和风险管理决策，则要视各个家庭的不同状态而定，尤其在房贷上，一定要严格房价收入比来考量，不可强求，更不可借钱交首付。

如何作投资决策

在这里我着重谈谈投资决策，供读者们参考。

一、先看看人民币升值对投资方式的影响

关于人民币升值，很多传播机构和媒体都有自己的看法，我这里只谈三点。一是密切关注人民币升值见顶。不是预感，而是种种迹象表明，人民币正在构筑顶部。低点是中国股市的机会，而汇率的顶部，正是投资的开始。但是，这个顶部不能在2011年完成，可能会延至2012年下半年至2013年，与中国房价泡沫破灭处在一条平行线上。

升值，是美元流向人民币；而贬值是人民币流向美元。在目前顶部特征出现，美元已经开始回流，只是规模不大。未来的跨国公司，在此时机，不管以美元定价的产品销售好坏，极大的可能会推高库存，以便出逃时留下大量存货冲抵中国银行的人民币贷款。因为现在人民币还处在升值通道上，在这里，我先谈谈人民币处在升值通道上的投资方法。

对个人理财有什么影响呢?

人民币升值对个人理财来说，直接影响到居家金融行为。首先，直接影响到部分产品消费行为。人民币更值钱了，引出的结论是境外物品价格会更便宜，进口的汽车、高档服装、化妆品等会以更低的价格被我们享受到。一旦价格传导到位，很多人会将先前处于等待消费状态的预期消费行

为变为现实。在金融理论上，城乡居民消费的偏好是给定的，而这种给定的消费只存于国内的消费上。人民币升值，在国外的消费，却不能给定。也就是说大量的人民币去外国消费了，对本国内需是个沉重的打击。升值越多，国内经济受到的打击就越大。

中国普通老百姓消费商品多以国产产品为主，人民币升值对百姓的影响将是间接的，负面大于正面。毕竟购买奔驰和宝马的人太少，出国旅游、留学、购买进口商品的人，数量不会增加多少。

受影响最大的是储蓄行为，因为大家会把人民币取出来换成美元去国外消费。为适度抵消这一变化，人行上调了银行美元、港币小额外币存款利率上限。将一年期美元、港币存款利率上限均提高0.5%，调整后利率上限分别为 1.625%和1.5%。调整后的利率水平与人民币一年定期利率3.5%相比，还有一定差距，所以，要等人民币升值到顶后，再考虑购买美元。

其次是对QDII构成直接利空。

从理财市场来看，人民币升值对QDII构成直接利空。理财分析师表示，如果人民币升值了，由于有汇兑损失，那或多或少会侵占QDII的投资收益。对于投资海外股市的QDII，如果预测国外股市表现大于汇兑损失部分，那么，投资者可以继续保留QDII；反之则是赎回为佳。对于投资海外债券市场的 QDII，如果预期的收益水平与人民币稳健收益型理财产品相差不大，或不及人民币稳健收益型理财产品，在考虑人民币升值的幅度时，则更应该及早换成人民币稳健收益型理财产品。

在中国股市上，只要人民币处在升值通道，有色金属行业就是最具潜力行业。中国有色金属基本实现以美元定价，美元走弱，有色金属就有上涨空间；美元走强，有色金属价格就要回调，此时股价也将回调。所谓美元走强，是指美元指数运行到80点上方，而现在美元还在80点下方运行，在人民币升值通道上，有色金属还有很大的投资空间。

其次是航空业。中国航空公司扩张迅速，得益于外汇储备充裕，从财报上看，各大航空公司资本性支出非常大，固定成本很高，普遍负债率很高。这些负债，大多是美元，在南方航空、中国国航、东方航空和海南航空的财报中，美元负债在总负债中的比例基本上都在60%以上。人民币升值有利于降低债务成本；而且，购买航油也更加便宜。所以，人民币升值，航空公司将明显受益。

第三是中国的造纸业：有关机构测算，人民币每升值1%，直接给造纸行业产生的利润高达3%，年化升值4%，可带来利润增长10%以上，很多造纸业上市公司本来要被ST的，但是，这两年一个一个全部减亏为盈了。主要原因是，中国造纸行业原材料的35%来自国外，是典型的原材料在外产品市场在内的行业。人民币升值可直接节约成本，并有助于企业降低生产材料成本。

二、再来看看通胀这条主线的投资空间还有多大

在CPI处在5%以上时，通胀题材的投资价值就会存在。不过，对我们来说，首先要避开的是前期炒作过度的股票，在股市最低点时建仓。

我们在前面分析过中国CPI的构成和国家统计局数据统计方面，与市场真实情况的差距，根据中国A股具体情况，我来谈谈如何针对CPI数据变化，做好A股的投资，也许能给广大读者一点启发。

严格来说，CPI在中国只是食品价格指数，不能反映整个消费者价格指数。所以，依据CPI来做股票，只能以此关注食品类上市公司。

首先来看猪肉类上市公司。农业和一些牧业类股票，在CPI5%以上的涨幅中，投资价值会彰显出来。酿酒类股票，在每一轮牛市中都有所表

现，在CPI突破5%时，价格上涨的动力极为强劲，越是政府干预约谈的品种，就表明涨幅越大，在股市上的题材就越多。味精、醋等调味品上市公司也是受益最多的。

这些股票都面临一个问题，那就是CPI涨幅下降到3%以下时，价格将会停止上涨；CPI涨幅降至1%以下时，价格将会下调；此时投资这些股票风险就会很大，因为上市公司业绩将会受到影响。

中国以上针对CPI数据的投资方法，在股市上百试不爽，其规律比较容易掌握，因而适合上班族进行中线投资，只要每月关注CPI数据就可放心投资。其买点和卖点的掌握也在此道，不费很多力气。

对日化用品有兴趣的朋友可关注PPI数据进行投资。

PPI是工业产品出厂价格指数，一般和CPI一起发布。工业品出厂价格在上涨，表明工业用品供求关系发生变化，此时只要超过7%，对这类上市公司的投资价值就开始凸显。对市场感受来说，这个价格是一个先行指标，一般传导到市场上需要3个月时间。因此，投资这类股票需要掌控时机，一般在PPI 6%数据发布后的一个月开始投资较为合适，此时建仓，一般在三周后可有比较好的收益，因为此时股价开始上涨，一直涨到数据下调到5%上方。如果数据下调到3%以下时，就要注意风险。

在作出这些投资决策前，最好结合CPI数据和PMI数据，就比较科学，也会使投资更为安全。只要这三个数据同步上涨，也就是说，CPI涨幅在5%以上，PPI数据涨幅在6%以上，PMI数据在50点上方，可放心投资这些股票。

这两条主线，最适合上班族投资，因为比较容易把握，不费很大力气，也不用天天盯盘，只需要每月关注数据的发布，来决定自己的买进和卖出。

三、深度挖掘一年涨幅在一倍以上的股票

中国股市涨涨跌跌令人揪心，而真正做股票的投资人照样乐此不疲。何故？仔细了解中国股市后，我们就会发现，无论是牛市还是熊市，每年总有很多股票涨幅巨大。2009年股票在一年内翻倍的高达341只，2010年股票价格翻倍有134只，2011年到目前为止，股价翻倍的也有56只，只是国庆节前三个交易日，很多股票遭遇恐慌性抛盘。

那么，对投资人来说，如何捕捉这样的股票就尤为重要。

一、如何分析成长性？

中国的股票很多是在购买未来的预期。对未来预期价值的分析有几种方式：一种是在通胀年代，以货币属性来确定上市公司未来的价值。

在人民币升值的通道，请注意人民币定价的商品。

人民币升值，会促使美元回流，很多人民币汇兑成美元去全球消费，在中国以美元定价的产品顶点就要到来，而人民币定价的产品很多处在低点，未来以人民币定价的产品的成长性开始凸显。从目前来看，人民币定价的产品主要来自于中国的第三产业，目前比较活跃的上市公司有三大类。

一是文化传媒产业。文化传媒产业在中国主要是受政策的制约，和发达国家的距离越来越远，如果政策放开，未来的发展空间才会被打开。从趋势上看，政策正在放宽，但是，尺度太小，实际落实少。预期十八大以后会有一个改善，从市场层面分析，文化传媒产业有两个飞跃，一个是从现在起，到十八大前，出版业、影视业正在酝酿突破，但是，尺度不会太大，会有一些好的上市公司有所表现；二是十八大以后，政策确立以后，再看市场的趋向发展。

二是餐饮、家居、医疗、休闲等服务业。这些产业尽管没有科技、网

络、云计算等产业那么多的光环，但是，在未来数年很可能成为中国经济的新动力。从日本、中国香港、美国等地房价泡沫破灭后，最先启动经济的正是这些产业。印度最近两年，第三产业占GDP的49%到现在的占GDP的70%，也是受益于这些产业的兴旺。中国的悲剧是，医疗不放开，教育不放开，影响了整个产业链，尤其是影响了休闲产业。印度的休闲产业与整个第三产业是联通的，互相在促进。如果中国未来放开医疗服务和教育培训，这个产业很可能一飞冲天。

三是新兴产业。从盘面看，近期活跃的物联网、云计算、智能电网等又有再度活跃的可能，因为这些产业未来发展空间巨大，有的列入未来五年发展规划，再加上这些股票流通盘不是很大，一直受到资金的青睐。在这一轮底部特征刚刚出现时，最早活跃的就是这一类的股票。

二、如何寻找龙头黑马？

每一轮行情的启动，必定有几大板块熠熠生辉。本轮行情龙头黑马目前趋势不太明朗，因为资金量才刚刚恢复到1000亿上方，在资金量达到1200亿至1500亿时，龙头黑马才会暴露真面目。不过，那时介入已为时晚矣。

就我分析，现在全球经济还存在不确定性，很多趋势在短线不太明朗，但不妨从未来财富流向来看，提提我个人的想法：

从汇金入市的情况看，银行股和其他大盘蓝筹有启动的迹象。但是，因为中国的大盘蓝筹都是一副坑爹的德性，基本被散户抛弃，这一轮并不能修补他们的形象，估计散户跟风不会太热情。不过，据我预期，能够形成龙头的可能不是银行股也不是地产股更不可能是中石化和中石油，极有可能是制造业里面的科技含量比较高的上市公司。主要理由是：这一轮全球经济的复苏，有赖于制造业的复苏和科技的应用和推广，美股当中，最耀眼的还是苹果、IBM、微软等公司，中国A股到底是谁，请大家拭目以待。

从A股传统来看，重组和分拆上市的上市公司，将会异军突起。中国上市公司存在的问题诸多，一方面很多公司面临退市，而另一方面很多公司又无法上市，那么，必然导致优质资产淘汰劣质资产。那么，重组带来的预期将会给市场以提振。分拆上市的公司，在中国市场风云变幻之际，有的公司有资金而不能扩大主营业务时，往往对盈利预期较高的产业发生兴趣，导致许多上市公司非主营业务异军突起，有的非主营业务甚至会超过主营业务，所以，倒闭非主营业务剥离出来重新上市，会给公司的战略发展带来充分的想象空间。在中国经济通胀以后，必然发生通缩，通缩以后是并购，这是资本的规律。所以，关注重组和分拆上市概念的朋友，可以在这方面多动动脑筋。

当然，不排除还存在别的可能。大盘的变化有时是非常难以琢磨的，投资人一定要时刻规避风险。